Guttentag'sche Sammlung
Nr. 29. Preußischer Gesetze. Nr. 29.
Text-Ausgaben mit Anmerkungen.

Gesetz,

betreffend

die ärztlichen Ehrengerichte,

das Umlagerecht und die Kassen der Aerztekammern

vom 25. November 1899.

Textausgabe mit Einleitung, Anmerkungen u. Sachregister
sowie mit Mustern für die geschäftliche Behandlung

von

Amtsgerichtsrath **Dr. F. Fidler,**
richterlichem Mitgliede des ärztlichen Ehrengerichts
für die Provinz Westfalen.

Berlin 1901.
J. Guttentag, Verlagsbuchhandlung,
G. m. b. H.

Vorwort.

Obwohl das Gesetz vom 25. November 1899 für die Mitglieder des ärztlichen Standes von hervorragender Bedeutung ist, so ist doch nach meiner Erfahrung dessen Kenntniß unter denselben nicht in entsprechendem Maße verbreitet. Den Grund hiervon meine ich darin gefunden zu haben, daß eine handliche, praktisch brauchbare und zugleich billige Ausgabe des Gesetzes fehlt. Der Altmann'sche Kommentar, dessen Verdienstlichkeit und Vorzüglichkeit Niemand rückhaltloser anerkennen kann, als der Bearbeiter der vorliegenden Ausgabe, ist zu umfangreich und, wenn auch nicht im Verhältniß zu dem, was er bietet, so doch an sich zu theuer. Die vorhin charakterisirte, bisher fehlende Ausgabe zu schaffen, ist Veranlassung und Zweck meiner Arbeit. Auch glaubte ich, durch die praktischen Erfahrungen, die ich als richterliches Mitglied des Ehrengerichts für die Provinz Westfalen zu machen Gelegenheit hatte, einiges zum besseren Verständnisse des Gesetzes beitragen, namentlich in den beigegebenen Mustern ein anschauliches Bild von dem Gange des ehrengerichtlichen Verfahrens geben zu können. Möge das Werkchen in den Kreisen, für die es bestimmt ist, eine freundliche Aufnahme finden!

Münster i. W., im Juni 1901.

Dr. Fidler.

Inhalt.

Abkürzungen.

Anm. = Anmerkung.

Ausf.-Best. = Ministerielle Ausführungsbestimmungen vom 21. Dezember 1899.

B.G.B. = Bürgerliches Gesetzbuch.

Gesch.O. = Geschäftsordnung für die ärztlichen Ehrengerichte und den Ehrengerichtshof vom 6. April 1900.

G.S. = Gesetz-Sammlung.

R.G.Bl. = Reichs-Gesetzblatt.

St.G.B. = Strafgesetzbuch.

St.P.O. = Strafprozeßordnung.

B.M.Bl. = Ministerialblatt für die innere Verwaltung.

Wo §§ ohne weiteren Zusatz angeführt sind, sind die §§ des Gesetzes vom 25. November 1899 zu verstehen.

Die sonst angewandten Abkürzungen sind die gemeingebräuchlichen.

Einleitung.

Die Bestrebungen des ärztlichen Standes nach einer Standesvertretung, deren Ziel namentlich die Errichtung eines ständischen Ehrengerichts war, bestimmt zur Beilegung von Streitigkeiten unter Aerzten und zum Spruche über die beruflichen Verfehlungen, reichen bis in das Jahr 1842 zurück. Lange Zeit sind diese Bestrebungen ohne Erfolg geblieben; wiederholte Anläufe führten zu keinem Ergebniß. Erst die Verordnung vom 25. Mai 1887, betreffend die Einrichtung einer ärztlichen Standesvertretung (G.S. S. 169), mitgetheilt im Anhang I dieser Ausgabe, brachte eine theilweise Erfüllung der Wünsche der Aerzte, aber das ärztliche Ehrengericht gewährte sie nicht. Jedoch der Keim dazu war in § 5 dieser Verordnung gelegt. Dieser (jetzt aufgehobene) § 5 lautet:

„Aerzten, welche die Pflichten ihres Berufes in erheblicher Weise oder wiederholt verletzt, oder sich durch ihr Verhalten der Achtung, welche ihr Beruf erfordert, unwürdig gezeigt haben, ist durch Beschluß des Vorstandes der Aerztekammer das Wahlrecht und die Wählbarkeit dauernd oder auf Zeit zu entziehen. Denselben ist vorher Gelegenheit zu geben, sich über die gegen sie erhobenen Anschuldigungen zu äußern. Zu der Berathung und Beschlußfassung über die Entziehung des Wahlrechts ist ein von dem Oberpräsidenten zu ernennender Kommissarius zuzuziehen, welcher das Recht hat, jederzeit gehört zu werden. Ein Stimmrecht steht demselben nicht zu.

Gegen den Beschluß steht dem Betroffenen innerhalb vier Wochen die Beschwerde an den Minister der Medizinal-Angelegenheiten zu.

Die Bestimmungen über die Entziehung des Wahlrechts finden keine Anwendung auf Aerzte, welche als solche ein mittelbares oder unmittelbares Staatsamt bekleiden oder dem Spruche der Militär-Ehrengerichte unterliegen."

Aus diesem Keime ist das Gesetz vom 25. November 1899 erwachsen. Der im Jahre 1895 im Medizinal-Ministerium ausgearbeitete erste Entwurf wurde im März 1896 den Aerztekammern durch die Oberpräsidenten zur Berathung zugefertigt. Die Abänderungsvorschläge wurden durch den Aerztekammer-Ausschuß, der inzwischen durch die Verordnung wegen Ergänzung der Verordnung vom 25. Mai 1887, betr. die Einrichtung einer ärztlichen Standesvertretung, vom 6. Januar 1896 (G.S. S. 1) ins Leben getreten war, dem Minister vorgelegt, der eine Umarbeitung des ersten Entwurfs vornehmen ließ, welche als zweiter Entwurf im September 1897 dem Aerztekammerausschuß zur Herbeiführung einer erneuten Berathung durch die Aerztekammern übersandt wurde. Den von dem Aerztekammer-Ausschuß ausgesprochenen Wünschen entsprechend wurde der dritte Entwurf aufgestellt, der dann auf Grund der Allerhöchsten Ermächtigung vom 23. Januar 1899 am 26. Januar 1899 vom Kultusminister dem Abgeordnetenhause vorgelegt wurde. Der Entwurf wurde nach der ersten Berathung am 4. Februar 1899 einer Kommission von 14 Mitgliedern überwiesen. . Von dieser, der XI. Kommission (Vorsitzender: Abg. Im Walle, Berichterstatter: Abg. Dr. Endemann) wurde der Entwurf in zwei Lesungen durchberathen und mit schriftlichem Berichte des Berichterstatters wieder vorgelegt. Die zweite Berathung im Plenum fand am 7. Juni, die dritte am 10. Juni 1899 statt. Am selben Tage wurde der Gesetzentwurf dem Herrenhause übersandt, das ihm nach einer Kommissionsberathung (6. Juli 1899) am 9. Juli 1899 seine Zustimmung ertheilte.

Am 25. November 1899 wurde das Gesetz, betreffend die ärztlichen Ehrengerichte, das Umlageverfahren und die Kassen der Aerztekammern, in Windsor Castle vom Könige vollzogen und unter Nr. 10141 in der Gesetz-Sammlung Jahrg. 1899 Nr. 40, S. 565—578 (ausgegeben zu Berlin den 11. Dezember 1899) publizirt.

Eine ausführliche Geschichte des Gesetzes nebst einer eingehenden Darstellung der oben erwähnten früheren auf dasselbe gerichteten Bestrebungen findet sich in der Einleitung, die der Geh. Ober-Regierungsrath und vortragende Rath im Ministerium der geistlichen, Unterrichts- und Medizinalangelegenheiten Altmann seiner erläuternden Ausgabe des Gesetzes (Berlin 1900) vorangeschickt hat. Diese Ausgabe kann allen denen, welche sich eindringlicher mit dem Studium des Gesetzes und seiner Geschichte zu befassen wünschen, aufs Wärmste empfohlen werden.

A.

(Nr. 10141.)

Gesetz, betreffend die ärztlichen Ehrengerichte, das Umlagerecht und die Kassen der Aerztekammern.

Vom 25. November 1899.

(Gesetz-Samml. Nr. 40 S. 565.)

Wir **Wilhelm**, von Gottes Gnaden König von Preußen ꝛc. verordnen mit Zustimmung beider Häuser des Landtags für den Umfang der Monarchie, was folgt:

Erster Abschnitt.

Allgemeine Bestimmungen.

1. Begriff und Zuständigkeit.

a) Aerztliche Ehrengerichte und ärztlicher Ehrengerichtshof.

§. 1. Für den Bezirk jeder Aerztekammer[1] wird ein ärztliches Ehrengericht,[2] für den Umfang der Monarchie ein ärztlicher Ehrengerichtshof[3] gebildet.[4]

[1] Vgl. § 1 der Verordnung vom 25. Mai 1887 — Anhang I. —

[2] Zuständigkeit: §§ 2, 3, (4), 6. — Wahl und Zusammensetzung: §§ 7, 8. — Ueber Sitz und Amtsbezeichnung vgl. Nr. 1 u. 2 der Ausführungsbestimmungen unter B 1. — Ehrenrath: § 4.

[3] Zuständigkeit (Berufungsinstanz): § 39. — Wahl und Zusammensetzung: §§ 43, 44. — Sitz: Nr. 1 der Ausf.-Best. — B 1. —

[4] Behörden mit dem Rechte, ein besonderes Siegel zu führen: Nr. 2 der Ausf.-Best. — B 1. —

b) **Persönliche Zuständigkeit.**

§. 2. Die Zuständigkeit des Ehrengerichts erstreckt sich auf die approbirten[1] Aerzte mit Ausnahme:

1. derjenigen, für welche ein anderweit geordnetes staatliches Disziplinarverfahren besteht,[2]
2. der Militär- und Marineärzte,[3]
3. der Militär- und Marineärzte[3] des Beurlaubtenstandes während ihrer Einziehung zur Dienstleistung.[4]

Die der Zuständigkeit des Ehrengerichts zu 1 und 2 nicht unterworfenen Aerzte sind bei den Wahlen für das Ehrengericht weder wahlberechtigt, noch wählbar.

[1] Gemäß § 39 der Reichsgewerbeordnung. Durch dauernde Zurücknahme der Approbation nach § 53 der Reichsgewerbeordnung wird die Zuständigkeit des Ehrengerichts beseitigt: vgl. § 16 Abs. 4.

[2] Das sind: a) die beamteten Aerzte (die dem Gesetze, betr. die Dienstvergehen der nichtrichterlichen Beamten 2c. vom 21. Juli 1852 — G.S. S. 465 — unterliegen), als: die Kreisärzte (Ges. v. 16. Septbr. 1899 — G.S. S. 169 —), die Regierungs und Medizinalräthe und die im Dienste von öffentlichen Korporationen, Gemeinden, Kreisen und Provinzial-

verbänden stehenden Aerzte (z. B. als Impfärzte angestellte Aerzte, die an Kranken- oder Irrenanstalten ausschließlich angestellten Aerzte), sowie die Universitäts-Professoren der Medizin und die Vorsteher, Abtheilungsvorsteher und angestellten Assistenten der wissenschaftlichen Staatsinstitute; — b) die Privatdozenten der Medizin (Gesetz, betr. die Disziplinarverhältnisse der Privatdozenten an den Landesuniversitäten rc., vom 17. Juni 1898 — G.S. S. 125 —); c) die ärztlichen Mitglieder der Reichsbehörden (Reichsgesetz, betr. die Rechtsverhältnisse der Reichsbeamten vom 31. März 1873 — R.G.Bl. S. 61 —).

[3] Dazu gehören die aktiven Sanitätsoffiziere, die einjährig-freiwilligen Aerzte und die Unterärzte des Friedensstandes. Zu vgl. Verordnung vom 9. April 1901, betr. Einführung von Ehrengerichten für Sanitätsoffiziere.

[4] Diese Ausnahmestellung hört mit der Beendigung der Dienstleistung auf; sofern diese Aerzte nicht zur Dienstleistung eingezogen sind, unterliegen sie der Zuständigkeit des Ehrengerichts. Anzeige von der Einziehung zur Dienstleistung: Nr. 3 der Ausf.-Best. — B 1. — Mittheilung von der ehrengerichtlichen Bestrafung eines Arztes des Beurlaubtenstandes: § 16 Gesch.O. — B 2. —

c) **Sachliche Zuständigkeit. Begriff der ärztlichen Pflichtverletzung.**

§. 3. Der Arzt ist verpflichtet, seine Berufsthätigkeit gewissenhaft auszuüben und durch sein Verhalten in Ausübung des Berufs sowie außerhalb desselben sich der Achtung würdig zu zeigen, die sein Beruf erfordert.[1]

Ein Arzt, welcher die ihm obliegenden Pflichten verletzt, hat die ehrengerichtliche Bestrafung verwirkt.[2]

Politische, wissenschaftliche und religiöse Ansichten oder Handlungen eines Arztes als solche[3] können niemals den Gegenstand eines ehrengerichtlichen Verfahrens bilden.

Auf Antrag eines Arztes muß[4] eine ehrengerichtliche Entscheidung[5] über sein Verhalten herbeigeführt werden.[6]

[1] Eine allgemeine Standesordnung, welche die Standespflichten des Arztes im Einzelnen genau umgrenzt und feststellt, ist nicht erlassen; es ist vielmehr den einzelnen Aerztekammern überlassen und empfohlen, solche Standesordnungen für ihren Bezirk zu erlassen. Wenngleich eine solche Standesordnung nicht unbedingt bindende Kraft hat weder für die Aerzte noch für den ärztlichen Ehrenrichter, so wird bei der ehrengerichtlichen Beurtheilung des Verhaltens eines Arztes das Ehrengericht doch die Standesordnung seines Bezirks als Norm für seine Beurtheilung ansehen. Eine genauere Feststellung der Pflichten des Arztes muß sich allmählich aus der Rechtsprechung der Ehrengerichte, namentlich des Ehrengerichtshofs entwickeln. Beispiele von Pflichtverletzung, die zugleich einen Verstoß gegen anderweit gegebene Vorschriften enthalten, sind: fortgesetzte Gebührenüberhebung (Ueberschreitung der durch die Gebührenordnung vom 15. Mai 1896 — B.M.Bl. S. 105 — festgesetzten Taxe), Verletzung der Verschwiegenheitspflicht, sofern nicht die strafgerichtliche Verfolgung aus § 300 St.G.B. beantragt wird.

[2] Dieser Satz enthält das Strafgesetz, auf Grund dessen die Verurtheilung erfolgt. Ob eine Verletzung dieser Berufs- und Standespflichten im einzelnen Falle vorliegt, hat in erster Instanz das ärztliche Ehrengericht nach freier Ueberzeugung zu entscheiden (vgl. Anm. 1).

[3] d. h. in der jedem Staatsbürger ohne Verstoß gegen die Gesetze zustehenden Art und Weise ausgeübt. Die Form, in der solche Ansichten zum Ausdruck kommen, kann ein ehrengerichtlich zu ahndendes Vergehen darstellen. Ein Vorbringen solcher Ansichten, das z. B. eine unkollegiale, eine nicht blos abfällige, sondern geradezu beschimpfende und

beleidigende Kritik enthält, ist strafbar. Die Freiheit der politischen, wissenschaftlichen und religiösen Auffassung gewährt keinen Freibrief, Personen, die anderer Ansicht sind, zu beleidigen und herabzusetzen.

[4] Die Einleitung des Verfahrens hängt nicht von dem Ermessen des Ehrengerichts ab. Die Ablehnung des Antrags (§ 23) sowie die Einstellung des Verfahrens (§§ 28, 29) ist in diesem Falle unzulässig, falls das Ehrengericht nicht etwa unzuständig ist. Es ist vielmehr der Eröffnungsbeschluß (§ 20) zu erlassen, ohne daß der Antrag geprüft und ohne daß er vorher dem Vertreter der Anklage mitgetheilt wird (Anm. 3 zu § 20).

[5] d. i. ein Urtheil, weil (vgl. Anm. 4) auf den Antrag der Eröffnungsbeschluß zu erlassen ist und daher, da die Einstellung des Verfahrens durch Beschluß eine Entscheidung im Sinne dieses Abs. 4 nicht darstellen kann, diese nur im Sinne des § 37 getroffen werden, also nur eine auf Freisprechung oder Verurtheilung lautende Entscheidung sein kann.

[6] Eine solche Entscheidung kann ein Arzt auch über sein Verhalten außerhalb Preußens beantragen, wenn er zur Zeit der Antragstellung in Preußen wohnt oder sich aufhält: § 6 Anm. 1 c.

d) Vermittelungsverfahren (Ehrenrath).

§. 4. Das Ehrengericht hat zugleich als Ehrenrath[1] die Beilegung von Streitigkeiten zu vermitteln,[2] welche sich aus dem ärztlichen Berufsverhältnisse[3] zwischen Aerzten[4] oder zwischen einem Arzte[4] und einer anderen Person ergeben.

Bei Streitigkeiten zwischen einem Arzte und einer anderen Person[5] findet das Vermittelungsverfahren nur auf Antrag der letzteren statt.[6]

Der Vorsitzende des Ehrengerichts kann die Vermittelung einem Mitgliede[7] übertragen.[8] [9]

[1] Diese Bezeichnung, die bei den Vorladungen und Beschlüssen anzuwenden ist (vgl. Nr. 2 Abs. 2 der Ausf.-Best. — B 1 —), soll die Annahme ausschließen, daß das Vermittelungsverfahren zur Beilegung von Streitigkeiten dem ehrengerichtlichen Strafverfahren gleichzustellen sei.

[2] Der Ehrenrath hat keinerlei strafgerichtliche Aufgabe — vgl. Anm. 1. —

[3] nicht auch Streitigkeiten, die auf einem anderen Gebiete liegen.

[4] Allgemein — also auch bei den sonst (gemäß § 2) der Zuständigkeit des Ehrengerichts nicht unterliegenden Aerzten ist das Vermittelungsverfahren anwendbar; vgl. § 10, insbes. Abs. 4 wegen des Einspruchsrechts der Dienstbehörde.

[5] Bei Streitigkeiten unter Aerzten ist das Vermittelungsverfahren nicht von einem Antrage abhängig; es kann also von Amtswegen eingeleitet werden.

[6] Zurücknahme und Zurückweisung des Antrags zulässig: bei Zurücknahme ist das Verfahren einzustellen; der Antrag ist zurückzuweisen, wenn er chikanös oder offenbar unbegründet erscheint.

[7] Nur e i n e m, nicht etwa mehreren als einem Ausschusse, aber auch sich selbst; mangels Beauftragung eines Mitgliedes oder eigener Uebernahme muß das Ehrengericht in voller Besetzung (§ 8) das Verfahren führen. Der Auftrag ist schriftlich in den zu übersendenden Akten zu ertheilen. Das beauftragte Mitglied hat sich als „im Auftrage des ärztlichen Ehrenraths der Provinz . . ." handelnd zu bezeichnen. Die Vermittelung wird in der Regel zweckmäßig einem ärztlichen (nicht dem richterlichen) Mitgliede (vgl. § 7) zu übertragen sein.

[8] Nähere Vorschriften, außer den in diesem und in § 10 enthaltenen sind über das Vermittelungsverfahren nicht gegeben. Die Einleitung des Verfahrens erfolgt durch den Vorsitzenden (§ 4 Abs. 2 Gesch.O. — B 2 —), die weitere Behandlung ist Sache des Ehrenraths oder des beauftragten Mitgliedes, falls nicht der Vorsitzende selbst die Vermittelung

übernimmt (vgl. Anm. 7). Vor Anberaumung eines Vermittelungstermins ist dem angegriffenen Arzte Gelegenheit zu einer Gegenerklärung zu geben, indem ihm die Anzeige (der Antrag ꝛc.) urschriftlich oder zweckmäßiger in Abschrift zur Aeußerung mitgetheilt wird. Die Ladung und Vernehmung der Betheiligten und die etwaige Beweisaufnahme erfolgt gemäß §§ 10, 11. Zum Schlusse sind Vorschläge zur Beilegung des Streites zu machen. Werden diese nicht angenommen (ein Zwang zur Annahme besteht nicht), so wird in den meisten Fällen nunmehr die Einleitung des ehrengerichtlichen Strafverfahrens folgen.

[9] Rechtsmittel sind im Vermittelungsverfahren nicht gegeben.

e) **Verfahren gegen nicht der Zuständigkeit der Ehrengerichte unterworfenen Aerzte.**

§. 5. Kommen in Bezug auf einen der im §. 2 Nr. 1 bis 3 bezeichneten Aerzte Thatsachen zur Kenntniß[1] des Ehrengerichts, welche, wenn sie in Bezug auf einen anderen Arzt vorlägen, ein ehrengerichtliches Verfahren nach sich ziehen würden,[2] so hat das Ehrengericht[3] hiervon der vorgesetzten Dienstbehörde des Arztes Mittheilung zu machen.[4]

Die vorgesetzte Dienstbehörde des Arztes wird, sofern nicht dienstliche Interessen entgegenstehen, das Ehrengericht von dem Ausgange des Verfahrens benachrichtigen.

[1] Ob bei Gelegenheit eines gegen einen anderen Arzt schwebenden Verfahrens oder sonstwie, ist gleichgültig.

[2] Ob dies der Fall ist, hat das Ehrengericht, nicht blos der Vorsitzende, zu prüfen, und zwar ohne in eine Sachuntersuchung einzutreten, da diese der zuständigen staatlichen Disziplinarbehörde vorbehalten ist.

[3] durch den Vorsitzenden.

[4] von Amtswegen. Ist die vorgesetzte Dienstbehörde nicht genau bekannt, so ist die Mittheilung dem Oberpräsidenten (§ 12) mit der Bitte um weitere Veranlassung zu übersenden.

f) Oertliche Zuständigkeit. Streit über die Zuständigkeit. Befangenheit.

§. 6. Zuständig ist das Ehrengericht derjenigen Kammer, in deren Bezirke der Arzt, gegen welchen das ehrengerichtliche Strafverfahren oder der Antrag auf ehrengerichtliche Vermittelung gerichtet ist, zur Zeit der Erhebung der Klage[1] oder der Einreichung des Antrags[2] seinen Wohnsitz oder in Ermangelung desselben seinen Aufenthalt hatte.[3]

Streitigkeiten über die Zuständigkeit eines Ehrengerichts werden von dem Ehrengerichtshof endgültig entschieden.

Wenn der Ehrengerichtshof[4] das Vorhandensein von Gründen anerkennt, aus welchen die Unbefangenheit[5] des Ehrengerichts[6] bezweifelt werden kann, so tritt an die Stelle des letzteren ein anderes von dem Ehrengerichtshofe zu bezeichnendes Ehrengericht.

[1] d. i. a) der Antrag des Beauftragten des Oberpräsidenten auf Beschlußfassung nach § 17, oder b) die Eröffnung des Verfahrens nach § 20, oder c) Antrag eines Arztes gemäß § 3 Abs. 4.

[2] Zu vgl. § 4 nebst Anm. 5. Im Falle des Vermittelungsverfahrens von Amtswegen ist die Zeit der Einleitung der Streitbeilegung maßgebend.

[3] Und zwar nur dieses, nicht auch z. B. das Ehrengericht, in dessen Bezirke von einem Arzte, der später in einen anderen Bezirk gezogen ist, frühere Verfehlungen begangen sind.

[4] auf Beschwerde des Angeschuldigten: § 23 Abs. 2 Satz 2.

[5] Zu vgl. Anm. 10 zu § 8.

[6] d. h. einer so großen Zahl der Mitglieder und Stellvertreter, daß die vorschriftsmäßige Besetzung mit fünf unbefangenen Richtern unmöglich ist.

2. Verfassung des Ehrengerichts.

a) Zusammensetzung.

§. 7. Das Ehrengericht besteht:

1. aus dem Vorsitzenden[1] und drei Mitgliedern der Aerztekammer. Die Aerztekammer wählt[2] die letzteren sowie vier Stellvertreter aus ihrer Mitte für die Dauer ihrer Amtszeit und bestimmt die Reihenfolge,[3] in welcher die Stellvertreter zu berufen sind. Gehört der Vorsitzende der Aerztekammer zu den im §. 2 bezeichneten Aerzten, so ist an seiner Stelle von der Aerztekammer ein viertes Mitglied des Ehrengerichts zu wählen;[1]
2. aus einem von dem Vorstande der Aerztekammer für die Dauer von 6 Jahren gewählten richterlichen Mitglied eines ordentlichen Gerichts,[4] für welches zugleich ein richterlicher Stellvertreter zu wählen ist.

Das richterliche Mitglied des Ehrengerichts erhält aus der Kasse der Aerztekammer neben einer Vergütung[5] Tagegelder und Reisekosten für Dienstreisen nach den ihm in seinem Hauptamte zustehenden Sätzen.[6]

Die Geschäfte des Ehrengerichts werden von den ärztlichen Mitgliedern unentgeltlich[7] geführt; baare

Auslagen werden ihnen jedoch erstattet; außerdem erhalten sie Tagegelder und Reisekosten nach den von der Aerztekammer zu bestimmenden Sätzen.[8]

[1] Zu vgl. § 9.

[2] Zu vgl. Nr. 5 und 6 der Ausf.-Best. — B 1. —

[3] entweder so, daß für jedes Mitglied ein bestimmter Stellvertreter, oder so, daß ein erster, zweiter rc. Stellvertreter gewählt wird, die nach einander bei der ersten, zweiten rc. Behinderung eines Mitgliedes eintreten.

[4] Amtsgericht, Landgericht oder Oberlandesgericht. — Zu vgl. über die Wahl Nr. 8 der Ausf.-Best. — B 1. —

[5] Ueber die Festsetzung vgl. Nr. 8 der Ausf.-Best. — B 1. — Zahlung: §§ 50 Abs. 3 Nr. 1, 52 Abs. 1.

[6] Art. I § 1 Abs. 1 IV und Abs. 3, § 4 I 1, II 1 des Gesetzes vom 21. Juni 1897 (G.S. S. 190 : Tagegelder 15 Mk., bezw. bei eintägiger Dauer der Reise 12 Mk., Reisekosten für das Kilometer 9 Pf. und für jeden Zu- und Abgang 3 Mk., bei Landwegen für das Kilometer 60 Pf. — Zahlung: §§ 50 Abs. 3 Nr. 1, 52 Abs. 1.

[7] Ehrenamt.

[8] Ueber die Festsetzung vgl. Nr. 6b der Ausf.-Best. — B 1. —

b) **Besetzung und Abstimmung.**

§. 8. Das Ehrengericht beschließt und entscheidet nach absoluter[1] Stimmenmehrheit in der Besetzung von fünf[2] Mitgliedern.[3]

Zu jeder dem Angeschuldigten nachtheiligen Entscheidung,[4] welche die Schuldfrage[5] betrifft, ist jedoch eine Mehrheit von vier Fünftel der Stimmen erforderlich.

Die das Verfahren leitenden Beschlüsse[6] des Ehrengerichts können mittelst schriftlicher Abstimmung[7] gefaßt werden, sofern nicht ein Mitglied mündliche Berathung verlangt.[8]

Die bei einer Angelegenheit betheiligten[9] oder für befangen[10] erklärten Mitglieder des Ehrengerichts sind bei einer Beschlußfassung oder Entscheidung über dieselbe ausgeschlossen und werden durch Stellvertreter ersetzt. Der Ausschluß und die Ersetzung durch Stellvertreter tritt ohne Weiteres ein, wenn die betreffenden Mitglieder des Ehrengerichts sich selbst für betheiligt oder befangen erklären; andernfalls entscheidet darüber endgültig der Ehrengerichtshof.[11]

[1] so daß also, von der Abs. 2 festgesetzten Ausnahme abgesehen, die Stimmen von drei Mitgliedern nothwendig sind.

[2] nicht mehr und nicht weniger (zu vgl. § 9 Abs. 2 Gesch.O. — B 2 —). — Bei der Abstimmung darf (abweichend von § 195 G.V.G.) der Protokollführer anwesend sein (§ 9 Abs. 4 Gesch.O. — B 2 —).

[3] Weitere Vorschriften sind im § 9 Gesch.O. — B 2 — gegeben.

[4] d. h. hier Endentscheidung oder Beschluß aus § 17, nicht Beschluß überhaupt, insbesondere nicht Eröffnungs- und Einstellungsbeschluß (§§ 20, 29), die mit absoluter Mehrheit (Abs. 1) gefaßt werden.

[5] d. i. die Frage: ist der Angeschuldigte der ihm zur Last gelegten Verfehlung schuldig? Wird diese nicht von wenigstens vier Stimmen bejaht, so muß Freisprechung erfolgen. Wegen aller anderen Fragen: Anm. 1.

[6] Das sind: Beschluß über Eröffnung, Ablehnung und Abschluß der Voruntersuchung (§§ 20, 23, 27), Beweisbeschlüsse jeder Art, Beschluß auf Anberaumung, Vertagung der Hauptverhandlung, Beschluß auf eine Beschwerde aus § 10 Abs. 3, Entscheidung nach § 26 Abs. 2 rc. — nicht dagegen der Beschluß nach § 17 und der Einstellungsbeschluß (§ 29).

[7] indem der Beschluß von dem Vorsitzenden den Mitgliedern des Ehrengerichts nach einander durch Umlauf zur Prüfung und Unterschrift (falls kein Bedenken obwaltet — vgl. Anm. 8 —) zugesandt wird (Currende) — vgl. § 4 Gesch.O. — B 2. — Vgl. C Muster 3, 6.

[8] Auf Verlangen eines Mitgliedes muß mündliche Berathung erfolgen.

[9] Nähere Bestimmung darüber fehlt. Nach § 22 St.P.O. wird das Mitglied als betheiligt gelten, wenn es selbst durch die strafbare Handlung verletzt ist, wenn es mit dem Verletzten oder dem Angeschuldigten in gerader Linie verwandt, verschwägert oder durch Annahme an Kindesstatt verbunden, in der Seitenlinie bis zum dritten Grade verwandt oder bis zum zweiten Grade verschwägert ist, auch wenn die Ehe, durch welche die Schwägerschaft begründet ist, nicht mehr besteht, wenn es in der Sache als Zeuge oder Sachverständiger vernommen ist.

[10] Befangenheit ist vorhanden, wenn ein Grund vorliegt, welcher geeignet ist, Mißtrauen gegen die Unparteilichkeit eines Mitgliedes des Ehrengerichts zu rechtfertigen (vgl. § 24 Abs. 2 St.P.O.). Das Ablehnungsrecht steht dem Beauftragten des Oberpräsidenten (Vertreter der Anklage), dem Angeschuldigten und im Vermittelungsverfahren jedem Betheiligten zu. Es wird, falls es nicht anerkannt wird, durch Beschwerde an den Ehrengerichtshof geltend gemacht: § 23 Abs. 2 Satz 2.

[11] Befangenheit eines ganzen Ehrengerichts: § 6 Abs. 3 nebst Anm. 5.

e) **Vorsitz.**

§. 9. Den Vorsitz des Ehrengerichts führt der Vorsitzende der Aerztekammer, oder, falls dieser zu den im §. 2 bezeichneten Aerzten gehört, den Vorsitz ablehnt oder sonst dauernd behindert ist, ein von den Mitgliedern des Ehrengerichts aus ihrer Mitte für die Dauer ihrer Amtszeit zu wählender Vorsitzender.[1]

Der Vorsitzende vertritt das Ehrengericht nach Außen und vollzieht die von demselben auszustellenden Urkunden im Namen desselben.[2] Er beruft die Sitzungen und ist verpflichtet, die Beschlüsse und Entscheidungen zur Ausführung zu bringen.[3]

Bei zeitweiliger Behinderung wird der Vorsitzende des Ehrengerichts durch den stellvertretenden Vorsitzenden vertreten, welcher von den Mitgliedern des Ehrengerichts aus ihrer Mitte für die Dauer ihrer Amtszeit gewählt wird.(1) [4]

[1] Die Wahl erfolgt nach Maßgabe der Nr. 9 der Ausf.-Best. — B 1 — durch die von der Aerztekammer gewählten Mitglieder des Ehrengerichts. Daß das richterliche Mitglied des Ehrengerichts (§ 7 Nr. 2) bei dieser Wahl nicht mitwirkt, folgt daraus, daß die Dauer seiner Amtszeit eine andere ist (6 Jahre), als die der gewählten Mitglieder (3 Jahre nach § 6 der Verordnung vom 25. Mai 1887 — Anhang I —).

[2] unter Beidrückung des Siegels: Nr. 2 der Ausf.Best. — B 1 — und § 14 Gesch.O. — B 2. —

[3] Zu vgl. §§ 4, 5, 9, 11, 12, 14, 15 der Geschäftsordnung — B 2. —

[4] Zu vgl. insbes. § 5 Abs. 7 u. 8 Gesch.O. — B 2. —

3. a) Pflichten der Aerzte im Vermittelungsverfahren.

§. 10. Die Aerzte[1] im Bezirke des Ehrengerichts sind verpflichtet, im Vermittelungsverfahren[2] die verlangten Aufschlüsse zu geben, auch, wenn es wegen Streitigkeiten zwischen Aerzten schwebt, auf die an sie ergehenden Ladungen zu erscheinen und den dieserhalb erlassenen Anordnungen des Ehrengerichts und seiner beauftragten Mitglieder Folge zu leisten.[3]

Zur Erzwingung einer solchen Anordnung können Geldstrafen bis zum Gesammtbetrage von dreihundert Mark[4] festgesetzt werden. Der Festsetzung einer Strafe muß deren schriftliche Androhung vorangehen.[5]

Gegen die Anordnungen oder Straffestsetzungen eines beauftragten Mitglieds des Ehrengerichts findet Beschwerde an das Ehrengericht statt.[6]

Die nach Abs. 1 an die im §. 2 Nr. 1 bis 3 bezeichneten Aerzte ergehenden Ladungen oder sonstigen Anordnungen sind der vorgesetzten Dienstbehörde des Arztes mit dem Ersuchen um Zustellung[7] zu übermitteln. Die Vorschriften der Abs. 1 bis 3 bleiben außer Anwendung, wenn die vorgesetzte Dienstbehörde des Arztes gegen die Ladung oder die sonst getroffene Anordnung Einspruch erhebt.[8]

[1] d. h. alle im Bezirke des Ehrengerichts wohnenden approbirten Aerzte, auch die im § 2 Nr. 1 bis 3 bezeichneten (vgl. Abs. 4 und Anm. 4 zu § 4), sei es als Partei, oder als Zeuge oder Sachverständiger. Eidliche Vernehmungen sind ausgeschlossen: § 11 Abs. 3.

[2] § 4.

[3] Die Verpflichtung zum persönlichen Erscheinen auf Ladung besteht nur, wenn es sich um Streitigkeiten zwischen Aerzten handelt, die Verpflichtung, Aufschlüsse zu geben, ist allgemein.

[4] Mindestbetrag (nicht bestimmt): 1 Mark (§ 27 St.G.B.) — Umwandlung in Haft ausgeschlossen.

[5] Verbindung der Anordnung und Festsetzung in einem

Beschluß unzulässig; zulässig, die Androhung in der ersten Aufforderung oder Ladung auszusprechen. Wiederholung der Strafandrohung und Festsetzung, bis der Gesammtbetrag von 300 Mark erreicht ist, zulässig. Zustellung der Beschlüsse: § 48, Vollstreckung: § 47. Bei fortgesetztem Ungehorsam nach Festsetzung der zulässigen Gesammtstrafe kann das ehrengerichtliche Verfahren eröffnet werden.

[6] Ohne Beschränkung auf eine Frist. Die Entscheidung des Ehrengerichts, die nach § 8 Abs. 3 mittelst schriftlicher Abstimmung getroffen werden kann, ist endgültig: vgl. Anm. 9 zu § 4.

[7] § 48.

[8] nach ihrem freien, pflichtmäßigen Ermessen (ohne die Gründe angeben zu müssen). Vgl. § 4.

b) Rechtshülfe.

§. 11. Gerichts-, Verwaltungs- und Verwaltungsgerichtsbehörden[1] sind, soweit ein dienstliches Interesse nicht entgegensteht,[2] verpflichtet, auf Ersuchen des Ehrengerichts oder seiner beauftragten Mitglieder behufs Aufklärung des Thatbestandes Auskunft zu ertheilen.[3] [4]

Das Ehrengericht und seine beauftragten Mitglieder sind berechtigt, auch die Ortspolizeibehörden[5] um Auskunft[3] oder um protokollarische Vernehmung von Personen[6] zu ersuchen.[7]

Das Recht, Zeugen oder Sachverständige eidlich zu vernehmen oder die Gerichte um Vernehmung von solchen zu ersuchen,[8] steht dem Ehrengericht und seinen beauftragten Mitgliedern nur im förmlichen ehrengerichtlichen Strafverfahren zu.[9]

[1] in Preußen. Ersuchen an nicht preußische bundesstaatliche Behörden, sowie nach dem Auslande erfolgen

durch Vermittelung des Oberpräsidenten bezw. der Ministerial-Instanz (im diplomatischen Wege).

[2] worüber die Behörde nach freiem Ermessen zu bestimmen hat, jedoch vorbehaltlich einer Vorstellung an die vorgesetzte Dienstbehörde.

[3] Das Recht auf Auskunftsertheilung umfaßt zugleich ein Recht auf Vorlegung und Uebersendung des erforderlichen Aktenmaterials.

[4] Zu vgl. auch Anm. 3 zu § 16.

[5] Da die Verwaltung der Ortspolizei in der Hand verschiedener Behörden (Stadt-Polizeiverwaltung, Kgl. Polizei-Präsidien und -Direktionen, Amtsvorsteher, Amtmänner, Landbürgermeister, Distrikts-Kommissarien, Gemeindebehörden) liegt, so empfiehlt es sich, das Ersuchen stets an die „Ortspolizeibehörde" zu richten.

[6] Aerzte und andere Personen. Erstere werden aber im Interesse der Standesinteressen zweckmäßiger in der Regel durch das richterliche oder ein ärztliches Mitglied des Ehrengerichts vernommen.

[7] Dies gilt für das Vermittelungs- und das nicht förmliche Verfahren: vgl. Abs. 3 und § 24 Abs. 3. — Uneidliche Vernehmung durch das Ehrengericht oder ein beauftragtes Mitglied ist nicht ausgeschlossen.

[8] Vgl. § 24 Abs. 5.

[9] ist also im Vermittelungs- und nicht förmlichen Verfahren nicht zulässig — vgl. Anm. 7 und §§ 24, 33.

4. Staatsaufsicht des Oberpräsidenten und dessen Vertretung.

§. 12. Die allgemeine Staatsaufsicht über den Geschäftsbetrieb[1] des Ehrengerichts führt der Oberpräsident.

Im ehrengerichtlichen Strafverfahren[2] wird derselbe durch einen von ihm dauernd oder für den einzelnen Fall bestellten Beauftragten vertreten.[3]

[1] Nur über diesen nach Maßgabe der Gesch.O. — B 2 —, also nur in formeller Beziehung, nicht in materieller Beziehung, in welcher allein dem Ehrengerichtshof die Prüfung zusteht. — Zu vgl. auch § 14.

[2] §§ 15ff.

[3] Zu vgl. Nr. 10 Ausf.-Best. — B 1. —

5. Gebühren- und Stempelfreiheit.

§. 13. Die Verhandlungen und Erlasse[1] der Ehrengerichte und ihrer beauftragten Mitglieder, sowie die an diese gerichteten Schriftstücke sind, soweit dieselben nicht eine Beurkundung von Rechtsgeschäften enthalten,[2] frei von Gebühren und Stempeln.

[1] Verfügungen, Anordnungen, Beschlüsse, Entscheidungen, desgleichen alle Ermittelungshandlungen.

[2] wie Vollmachten für den Vertreter eines Angeschuldigten, Vergleiche im Vermittelungsverfahren über geldwerthe Ansprüche, insbesondere Honorarforderungen, erstere nach Tarifstelle 73, letztere nach Tarifstelle 67 des Stempelsteuergesetzes vom 31. Juli 1895 (G.S. S. 413) stempelpflichtig.

6. Jahresbericht des Vorsitzenden.

§. 14. Der Vorsitzende des Ehrengerichts hat alljährlich[1] dem Oberpräsidenten einen schriftlichen Bericht über die Thätigkeit des Ehrengerichts zu erstatten.[2]

[1] Ende Januar: § 2 Abs. 2 Gesch.O. — B 2. —

[2] Die Berichterstattung erfolgt auf der Grundlage der nach § 7 Gesch.O. — B 2 — geführten Bücher und Register. Der Bericht soll eine übersichtliche Darstellung und Erläuterung der gesammten Thätigkeit während des abgelaufenen Geschäftsjahrs geben. Er dürfte etwa folgenden Inhalt haben:

In dem abgelaufenen Geschäftsjahre haben ... Sitzungen des Ehrengerichts stattgefunden, in denen insgesammt ... Entscheidungen getroffen sind.

Aus dem Vorjahre wurden übernommen: (Zahl)
a) Vermittelungsverfahren . . . . .
b) nicht förmliche Verfahren . . . . .
c) förmliche Verfahren . . . .

Im Berichtsjahre neu eingegangen bezw. eröffnet sind:
a) Vermittelungsanträge . . . .
b) nicht förmliche Verfahren . . . . .
c) förmliche Verfahren . . . .

Im Ganzen waren also in geschäftlicher Behandlung:
a) Vermittelungsverfahren . . . . .
b) nicht förmliche Verfahren . . . . .
c) förmliche Verfahren . . . .

Davon sind beendet:
a) Vermittelungsanträge . . . .
und zwar mit Erfolg (durch Vergleich)
ohne Erfolg . . . . .
b) nicht förmliche Verfahren . . . . .
und zwar durch Strafbeschluß . .
durch Einstellung . . .
durch Ueberleitung in das förmliche Verfahren .
c) förmliche Verfahren . . . .
und zwar durch Entscheidung . .
darunter verurtheilende .
freisprechende .
durch Einstellung . . .

In das neue Geschäftsjahr zu übernehmen sind:
a) Vermittelungsverfahren . . . . .
b) nicht förmliche Verfahren . . . . .
c) förmliche Verfahren . . . .

Die ergangenen Entscheidungen anlangend, so wurde erkannt usw.

Für die Beurtheilung des Verhaltens der Aerzte im Sinne des § 3 des Gesetzes hat das Ehrengericht folgende Grundsätze angenommen: . . . . . .

Für die Veröffentlichung der ehrengerichtlichen Entscheidungen (§ 15 Abs. 4 des Ges.) sind folgende Blätter bestimmt: . . . .

Die Berichterstattung ist zwar Sache des Vorsitzenden; er ist für den Inhalt verantwortlich. Zweckmäßigerweise aber wird er den Mitgliedern des Ehrengerichts Kenntniß davon und Gelegenheit zu etwaigen Bemerkungen, Ergänzungen 2c. geben.

Zweiter Abschnitt.

Ehrengerichtliches Strafverfahren.

I. Ehrengerichtliche Strafen.

§. 15. Die ehrengerichtlichen Strafen[1] sind:[2]

1. Warnung,[2]
2. Verweis,[2]
3. Geldstrafe[3] bis zu 3000 Mark,
4. auf Zeit beschränkte oder dauernde Entziehung des aktiven und passiven Wahlrechts zur Aerztekammer.[2]

Verweis, Geldstrafe und Entziehung des Wahlrechts können gleichzeitig als Strafe ausgesprochen werden.[4]

In besonders geeigneten Fällen kann auf Veröffentlichung der ehrengerichtlichen Entscheidung erkannt werden.[5]

Die Veröffentlichung erfolgt durch die von dem Ehrengericht alljährlich bestimmten Blätter,[6] falls das Ehrengericht nicht in dem einzelnen Falle eine andere Art[7] der Veröffentlichung für angemessen erachtet. Die Kosten der Veröffentlichung gehören zu den Kosten des ehrengerichtlichen Verfahrens.[8]

[1] Ueber die Vollstreckung derselben vgl. § 47 nebst Anm.

[2] Der Grad der Strafe ist nach der angegebenen Reihenfolge zu beurtheilen: die Warnung ist die leichteste, die Entziehung des Wahlrechts die schwerste Strafe; der Verweis ist schwerer als die Warnung, leichter als die Geldstrafe. Auf andere Strafen, sowie Nebenstrafen (abgesehen von der im Abs. 3 u. 4 geordneten Veröffentlichung) kann nicht erkannt werden.

[3]) Mindestbetrag (nicht bestimmt) wird (gemäß § 27 St.G.B.) 1 Mark sein, aber wohl als Strafe nicht zur Anwendung gebracht werden. Umwandlung der nicht beizutreibenden Geldstrafe in Freiheitsstrafe ist unzulässig. — Geldstrafe erscheint namentlich angemessen, wenn es sich um Verfehlungen handelt, die eigennützigen Motiven, insbesondere der Gewinnsucht oder dem unlauteren Wettbewerbe entsprungen sind.

[4] Die Verbindung der Strafen ist auch für eine Verfehlung zulässig.

[5] Strafschärfungsmittel oder Nebenstrafe, nur in besonders schweren Fällen anzuwenden. Vollstreckung erst nach Eintritt der Rechtskraft (vgl. § 47).

[6] Auswahl der Blätter frei (Zeitungen oder auch Fachzeitschriften).

[7] Verlesung in der öffentlichen Sitzung der Aerztekammer, Mittheilung an Aerztevereine und Verlesung in Aerzteversammlungen, Aushang im Versammlungsraume der Aerztekammer oder der Vereine ꝛc.

[8] Vgl. § 46.

II. Einfluß des gerichtlichen Strafverfahrens und des Verfahrens auf Entziehung der Approbation.

§. 16. [1]Ist gegen einen Arzt wegen einer strafbaren Handlung die öffentliche Klage[2] erhoben oder das Verfahren auf Zurücknahme der Approbation[3] eingeleitet, so ist während der Dauer jenes Verfahrens wegen der nämlichen Thatsachen[4] das ehrengerichtliche Verfahren nicht zu eröffnen und das eröffnete auszusetzen.[5]

Ist im gerichtlichen Strafverfahren auf Freisprechung oder auf Einstellung des Verfahrens erkannt oder ist das Verfahren auf Zurücknahme der Approbation eingestellt, so findet wegen derjenigen Thatsachen, welche in dem vorangegangenen Verfahren zur Erörterung gelangt sind, ein ehrengerichtliches Verfahren nur insofern statt, als diese Thatsache an sich und unabhängig von dem Thatbestand einer im Strafgesetze vorgesehenen Handlung oder des §. 53 der Reichs-Gewerbeordnung[3] die ehrengerichtliche Bestrafung begründen.[6]

Ist im gerichtlichen Strafverfahren eine Verurtheilung ergangen, auf Grund deren die Verwaltungsbehörde die Approbation nicht oder nur auf Zeit zurücknehmen kann (§. 53 der Reichs-Gewerbeordnung[3]), so beschließt das Ehrengericht, ob außerdem das ehrengerichtliche Verfahren zu eröffnen oder fortzusetzen ist.[7]

Wird nach Eröffnung oder Aussetzung des ehrengerichtlichen Verfahrens die Approbation des Angeschuldigten dauernd zurückgenommen, so ist das ehrengerichtliche Verfahren einzustellen.[8] Veröffentlichung des Einstellungsbeschlusses ist nach Maßgabe des §. 15 zulässig.[9]

Kann im gerichtlichen Strafverfahren eine Hauptverhandlung nicht stattfinden, weil der Angeklagte abwesend[10] ist, so findet die Vorschrift des Abs. 1 keine Anwendung.

[1] Das gerichtliche Strafverfahren ebenso das Approbationszurücknahmeverfahren einerseits, und das ehrengerichtliche Verfahren andererseits verfolgen völlig selbständige, an und für sich von einander unabhängige Ziele: jenes ahndet Verletzungen der allgemeinen Bürger- bezw. Gewerbepflichten, dieses Verstöße gegen die besonderen Berufspflichten, und wer in beiden Verfahren gleichzeitig zur Rechenschaft gezogen wird, darf sich nicht zur Abwehr auf den Grundsatz „ne bis in idem“ berufen. Wo aber ein solcher Konkurrenzfall eintritt — die gemeinen Delikte haben, weil sie die Würde des Amtes verletzen, jedesmal auch eine disziplinare Seite —, würde die Lage des Arztes erschwert werden, wenn er sich gleichzeitig in zwei Untersuchungen verantworten müßte; auch würde der einheitliche Strafwille des Staates Gefahr laufen, hier als Schuld zu verneinen, was er dort als Schuld bejahte und umgekehrt. Dem gerichtlichen Strafverfahren bezw. dem Zurücknahmeverfahren ist die Priorität eingeräumt, weil dieses Verfahren in manchen Fällen präjudiziell für das ehrengerichtliche Verfahren ist: wenn es zu einer Freisprechung oder Einstellung führt, das Verfahren modifizirt, wenn es zu einer schweren Verurtheilung oder Zurücknahme der Approbation führt, das ganze Verfahren beseitigt.

[2] seitens der Staatsanwaltschaft (§§ 151, 152 St.P.O.). Eine Privatklage (§§ 414 ff. St.P.O.) ist ohne Einfluß. Mittheilung von Erhebung der Anklage seitens der Staats-

anwaltschaft an die Ehrengerichte: Allg. Verf. d. Just.-Min. v. 9. März 1900 (vgl. Anm. * zu § 7 Gesch.O. — B 2 —).

[3] a) Zu vgl. §§ 29, 53 Reichs-Gewerbeordnung (Fassung v. 26. Juli 1900 — R.G.Bl. S. 871 —):

§ 29. Einer Approbation, welche auf Grund eines Nachweises der Befähigung ertheilt wird, bedürfen ... diejenigen Personen, welche sich als Aerzte ... bezeichnen.

§ 53. Die in dem §. 29 bezeichneten Approbationen können von der Verwaltungsbehörde nur dann zurückgenommen werden, wenn die Unrichtigkeit der Nachweise dargethan wird, auf Grund deren solche ertheilt worden sind, oder wenn dem Inhaber der Approbation die bürgerlichen Ehrenrechte aberkannt sind, im letzteren Falle jedoch nur für die Dauer des Ehrenverlustes.

b) Zuständig für die Zurücknahme der Approbation ist in Preußen der Bezirksausschuß (§ 54 Reichs-Gewerbeordnung u. § 120 Nr. 1 des Zuständigkeitsgesetzes v. 1. August 1883 — G.S. S. 237 —).

c) Mittheilung von der Einleitung des Verfahrens an die Ehrengerichte: Runderlaß des Min. d. Innern v. 28. Februar 1900 (vgl. Anm. ** zu § 7 Gesch.O. — B 2 —).

[4] Wegen anderer Thatsachen kann das ehrengerichtliche Verfahren neben einem Straf- oder Zurücknahmeverfahren eröffnet bezw. fortgeführt werden.

[5] Daraus folgt auch die Verpflichtung des Ehrengerichts, sobald aus seinem Untersuchungsmateriale der Thatbestand einer unter das Strafgesetz fallenden Handlung erkennbar wird, die nicht lediglich zu den Antragsdelikten (§§ 61 ff., 194, 232 St.G.B.) gehört, hiervon der Staatsanwaltschaft Kenntniß zu geben und von der Entschließung dieser Behörde die Fortsetzung des Verfahrens abhängig zu machen.

[6] a) Die thatsächliche und rechtliche Feststellung des freisprechenden gerichtlichen Urtheils oder der einstellenden verwaltungsgerichtlichen Entscheidung ist unbedingt bindend für das Ehrengericht. Nur insoweit als die Untersuchungsthatsachen, befreit von den rechtskräftig verneinten kriminellen

Eigenschaften noch ein Dienstvergehen — Verfehlungen im Sinne des § 3 — enthalten, sind einem nachfolgenden ehrengerichtlichen Verfahren die Wege geöffnet.

b) Dem bloßen Beschlusse des Gerichts, durch welchen das Verfahren eingestellt oder der Angeschuldigte außer Verfolgung gesetzt wird (§ 202 St.G.B.), kann dieselbe Wirkung nicht beigelegt werden; dadurch wird das freie Beurtheilungsrecht des Ehrengerichts nicht beengt. Nur wenn es auf Grund neuer Thatsachen und Beweise zu einer abweichenden Auffassung gelangte, würde hiervon vorab der Staatsanwaltschaft behufs Wiederaufnahme des Verfahrens Mittheilung zu machen sein (vgl. Anm. 5).

c) Strafrechtliche Verjährung hindert die ehrengerichtliche Verfolgung nicht.

[7] Das Ehrengericht ist auch im Falle der Verurtheilung (wie in dem der Freisprechung — vgl. Anm. 6a —) an das Ergebniß des vorangegangenen strafgerichtlichen Verfahrens gebunden; es ist nicht berechtigt, die vom Strafrichter rechtskräftig festgestellte That- und Schuldfrage einer selbständigen Nachprüfung zu unterziehen. Es kann also Gegenstand der ehrengerichtlichen Ermittelung und Beurtheilung nicht mehr die vom Strafrichter festgestellte strafbare Handlung, sondern nur noch die Folge der Verurtheilung für die berufliche Stellung des Arztes sein.

[8] weil in Folge davon der betroffene Arzt, als nicht mehr approbirt (vgl. § 2), der Zuständigkeit des Ehrengerichts nicht mehr unterliegt. Die Einstellung ist durch Beschluß gemäß § 29 auszusprechen.

[9] um einem Mißbrauche der Thatsache der Einstellung des Verfahrens vorzubeugen.

[10] d. i. eine Person, deren Aufenthaltsort unbekannt ist oder die sich im Auslande aufhält und deren Gestellung vor das zuständige Gericht nicht ausführbar oder nicht angemessen ist (§ 318 St.P.O.).

[11] In diesem Falle ist also ein ehrengerichtliches Verfahren möglich, falls dem Angeschuldigten der Eröffnungs-

beschluß und die Vorladung zur Hauptverhandlung hat zugestellt werden können (vgl. §§ 24, 36, 48).

III. Nichtförmliches ehrengerichtliches Verfahren.

1. Zulässigkeit und Verfahren.

§. 17.[1] Warnung, Verweis und Geldstrafen bis zu 300 Mark können nach Anhörung des Beauftragten des Oberpräsidenten (§. 12 Abs. 2)[2] ohne förmliches ehrengerichtliches Verfahren durch Beschluß des Ehrengerichts verhängt werden.

In jedem Falle ist jedoch der Angeschuldigte über die ihm zur Last gelegte Verfehlung zu hören.[3]

Dem Angeschuldigten und dem Beauftragten des Oberpräsidenten steht das Recht zu, vor der Beschlußfassung auf Eröffnung des förmlichen ehrengerichtlichen Verfahrens anzutragen.[4] Die Ablehnung des Antrags ist nur bei gleichzeitiger Einstellung des nichtförmlichen ehrengerichtlichen Verfahrens zulässig.[5]

[1] Die Vorschrift bezweckt eine Erleichterung und Vereinfachung des Verfahrens bei leichteren Verfehlungen, in dem die förmliche Voruntersuchung (§§ 20 ff.), die Anklageschrift (§ 28) und die Hauptverhandlung (§§ 30 ff.) fortfallen, vielmehr die Entscheidung im Beschlußverfahren getroffen wird. Der Beschluß kann aber nicht nach § 8 Abs. 3 durch schriftliche Abstimmung herbeigeführt werden, sondern fordert mündliche Berathung und Fassung in einer Sitzung des Ehrengerichts, weil es kein prozeßleitender Beschluß ist. — Ergiebt sich bei der Berathung und Abstimmung, daß eine schwerere Strafe als Warnung, Verweis oder Geldstrafe von 300 Mark angemessen ist, so muß das förmliche Verfahren eröffnet werden.

[2] der auch hier die Anklage zu vertreten hat (vgl. Anm. 4). Zweckmäßig wird der Beauftragte des Oberpräsidenten zu der Beschlußsitzung zugezogen. Es genügt aber, daß ihm Gelegenheit gegeben wird, seine Anträge zu stellen — vgl. C Muster 2b. —

[3] d. i. mündlich zu vernehmen durch ein Mitglied des Ehrengerichts oder durch Ersuchen eines Amtsgerichts oder der Ortspolizeibehörde, — oder zu einer schriftlichen Erklärung aufzufordern — vgl. C Muster 1b. —

[4] Dieses Recht ist gegeben, weil in dem nichtförmlichen Verfahren die Beweisaufnahme insofern beschränkt ist, als die eidliche Vernehmung von Zeugen und Sachverständigen ausgeschlossen ist (§ 11 Abs. 3).

[5] Einstellungsbeschluß: § 29.

2. Zustellung des Beschlusses und Beschwerde.

§. 18. Ein nach §. 17 Abs. 1 gefaßter Beschluß ist in schriftlicher, mit Gründen versehener Ausfertigung[1] dem Angeschuldigten und dem Beauftragten des Oberpräsidenten[2] zuzustellen.[3]

Beiden Theilen steht die Beschwerde an den Ehrengerichtshof zu.[4]

Die Beschwerdefrist beträgt 1 Monat[5] und beginnt mit der Zustellung[3] des Beschlusses.[6]

[1] Zu vergl. §§ 13, 14 Gesch.O. — B 2. —

[2] § 12 Abs. 2. — [3] § 48. —

[4] Zu vgl. §§ 39, 41, 44, 45.

[5] § 43 St.P.O. (§ 188 B.G.B.): Die Frist endigt mit dem Ablaufe desjenigen Tages des folgenden Monats, der durch seine Zahl dem Tage entspricht, an dem die Zustellung erfolgt ist.

[6] an den Angeschuldigten (für beide Theile): vgl. §§ 39 Abs. 4, 45 Abs. 2.

IV. Das förmliche ehrengerichtliche Verfahren.

§. 19. Das förmliche ehrengerichtliche Verfahren besteht in Voruntersuchung[1] und Hauptverhandlung.[2]

[1] §§ 20—27. — [2] §§ 32—38.

1. Voruntersuchung.

a) Eröffnungsbeschluß.

§. 20. Die Voruntersuchung wird durch einen Beschluß[1] des Ehrengerichts[2] eröffnet,[3] in welchem die dem Angeschuldigten zur Last gelegten Verfehlungen aufzuführen sind.[4]

Außerdem ist in dem Beschlusse der Untersuchungskommissar und der Vertreter der Anklage zu benennen.[4] [5] [6] [7]

[1] der nach § 28 Abs. 3 mittelst schriftlicher Abstimmung (durch Currende) gefaßt werden kann und in der Regel gefaßt werden wird, und zwar durch Vermittelung des Vorsitzenden, dem die Akten zu übersenden sind, wenn er nicht selbst den Eröffnungsbeschluß entwirft (vgl. Anm. 2).

[2] Nicht: des Vorsitzenden oder des Untersuchungskommissars. Dieser wird aber in der Regel, nachdem ihm die Verfügung über seine Bestellung nebst den Akten vom Vorsitzenden zugegangen ist (vgl. § 21 Anm. 3), den Entwurf zu machen haben — vgl. C Muster 3.

[3] und zwar auf Antrag oder von Amtswegen. Der Antrag des Vertreters der Anklage wird nicht nothwendig erfordert, so daß auch, ohne daß er gehört ist, der Eröffnungsbeschluß gefaßt werden kann. Durch den Ministerial-Erlaß vom 31. August 1900 wird aber als sachdienlich und förderlich folgendes Verfahren empfohlen: Die bei dem Ehrengericht bezw. dessen Vorsitzenden eingehenden Anzeigen, Anschuldigungen, Beschwerde 2c. über Pflichtverletzungen

von Aerzten, die zu einem ehrengerichtlichen Verfahren nach § 3 Veranlassung geben können, sind, nachdem sie dem Angeschuldigten behufs vorläufiger Anhörung (und Erklärung) abschriftlich mitgetheilt sind, unter Beifügung etwaiger vorläufiger Ermittelungen dem Beauftragten des Oberpräsidenten vorzulegen „zur Kenntnißnahme und eventuellen Stellung des Antrags auf Eröffnung der Voruntersuchung": zu vgl. C Muster 1 u. 2. Dieses Verfahren erübrigt sich aber, wenn ein Arzt selbst die Eröffnung der Voruntersuchung gemäß § 3 Abs. 4 gegen sich beantragt.

Auch wenn der Beauftragte des Oberpräsidenten den Antrag auf Eröffnung der Voruntersuchung nicht stellt, kann das Ehrengericht diese beschließen.

4 Zu vgl. C Muster 3. — Diese Benennung kann auch nachträglich erfolgen, wenn die Personen zur Zeit des Eröffnungsbeschlusses noch nicht feststehen. Sie erfolgt dann durch den Vorsitzenden oder den Untersuchungskommissar (§ 4 Abs. 2 Gesch.O. — B 2 —).

5 um sie dem Angeschuldigten und Dritten gegenüber zu legitimiren. Von einer Aenderung in den Personen, die durch Beschluß des Ehrengerichts bezw. Bestimmung des Oberpräsidenten zulässig ist, ist dem Angeschuldigten Mittheilung durch den Vorsitzenden oder den Untersuchungskommissar (§ 4 Abs. 2 Gesch.O. — B 2 —) zu machen.

6 Der Beschluß ist dem Angeschuldigten abschriftlich mitzutheilen bei der Vorladung zu seiner Anhörung über denselben (§ 24). Diese Vorladung ist gemäß § 48 zuzustellen, während die förmliche Zustellung des Eröffnungsbeschlusses nicht vorgeschrieben ist. Für die Mittheilung des Eröffnungsbeschlusses an den Vertreter der Anklage ist keine Form vorgeschrieben; sie kann auch durch Vorlegung der Urschrift erfolgen, doch ist die Mittheilung einer Abschrift zweckmäßiger, für die aber die förmliche Zustellung nach § 48 ebenfalls nicht vorgeschrieben ist. Dies folgt daraus, daß das Gesetz ausdrücklich zwischen „mittheilen" und „benachrichtigen" einerseits und „zustellen" und „vor-

laden" andererseits unterscheidet (vgl. §§ 18, 24, 27, 29, 30, 36, 37, 39, 41, 48).

[7] Beschwerde gegen den Eröffnungsbeschluß (beschränkt zulässig): § 23 Abs. 2 Satz 2.

b) α. Untersuchungskommissar.

§. 21. Als Untersuchungskommissar ist in der Regel das richterliche Mitglied[1] des Ehrengerichts zu bestellen.[2] [3]

[1] § 7 Abs. 1 Nr. 2.

[2] durch den Vorsitzenden (§ 4 Abs. 2 Gesch.O. — B 2 —); durch Mehrheitsbeschluß des Ehrengerichts (bei dem auch das richterliche Mitglied mitwirken darf) kann auch ein ärztliches Mitglied (§ 17 Abs. 1 Nr. 1) als Untersuchungskommissar bestellt werden.

[3] Die Bestellung erfolgt (von dem Ausnahmefalle der Bestellung durch das Ehrengericht — Anm. 2 — abgesehen) durch eine schriftliche Verfügung des Vorsitzenden in den Akten, die er dann dem richterlichen Mitglied übergiebt, um den Eröffnungsbeschluß (vgl. § 20 Anm. 2) oder zutreffendenfalls den Ablehnungsbeschluß (§ 23) zu entwerfen.

β. Vertreter der Anklage.

§. 22. Die Anklage vertritt der Beauftragte des Oberpräsidenten (§. 12 Abs. 2).

c) Ablehnung der Eröffnung der Voruntersuchung, Beschwerde gegen den Eröffnungsbeschluß.

§. 23. Die Eröffnung der Voruntersuchung kann von dem Ehrengerichte[1] sowohl aus rechtlichen[2] wie aus thatsächlichen[3] Gründen abgelehnt werden.[4]

Gegen den ablehnenden Beschluß steht dem Vertreter der Anklage[5] binnen 1 Monat[6] die Beschwerde an den Ehrengerichtshof zu. Gegen den die Voruntersuchung eröffnenden Beschluß[7] steht binnen 1 Monat[6] dem Angeschuldigten[8] die Beschwerde an den Ehrengerichtshof nur wegen Unzuständigkeit[9] oder Befangenheit[10] des Ehrengerichts zu.

[1] Vgl. Anm. 2 zu § 20.

[2] z. B. Unzuständigkeit des Ehrengerichts (vgl. Anm. 9), Unzulässigkeit der Strafverfolgung (§ 29 Abs. 3).

[3] wenn die Handlungen, deren der Arzt angeschuldigt wird, eine Pflichtverletzung nach § 3 nicht enthalten.

[4] durch Beschluß, bezüglich dessen das in Anm. 1 zu § 20 Gesagte gilt; vgl. C Muster 4. — Zustellung (vgl. Abs. 2): § 48. — Unzulässig ist die Ablehnung aus thatsächlichen Gründen im Falle des § 3 Abs. 4 (vgl. Anm. 4 das.).

[5] § 22, nicht dem Angeschuldigten.

[6] Anm. 5 zu § 18. — [7] § 20.

[8] nicht dem Vertreter der Anklage.

[9] §§ 2, 3, 6. — [10] § 6 Abs. 3, nicht § 8 Abs. 3.

d) Verfahren in der Voruntersuchung.

α. Anhörung des Angeschuldigten. Beweisaufnahme.

§. 24.[1] In der Voruntersuchung wird der Angeschuldigte unter Mittheilung[2] des Eröffnungsbeschlusses vorgeladen und, wenn er erscheint,[3] gehört.[4]

Die Zeugen und Sachverständigen werden vernommen und die zur Aufklärung der Sache dienenden sonstigen Beweise[5] erhoben.

Die Zeugen und Sachverständigen sind zu beeidigen, wenn ihre Aussagen für die Beurtheilung der Sache erheblich erscheinen und ihre Beeidigung zulässig ist.[6] Die Beeidigung erfolgt nach der Vernehmung; im Uebrigen finden auf das Verfahren bei der Vernehmung von Zeugen und Sachverständigen sowie bezüglich des Rechtes zur Verweigerung des Zeugnisses oder Gutachtens und bezüglich der Zeugen- und Sachverständigengebühren die Vorschriften des sechsten und siebenten Abschnitts des ersten Buches der Reichs-Straf-Prozeßordnung vom 1. Februar 1877 (§§. 48, 49, 51 bis 57, 58 Abs. 1, 59 bis 64, 66 bis 68, 70, 71 Abs. 2, 72 bis 80) entsprechende Anwendung.[7]

Erscheint ein ordnungsmäßig geladener Zeuge oder Sachverständiger nicht oder verweigert derselbe ohne gesetzlichen Grund seine Aussage, so ist der Untersuchungskommissar berechtigt, das zuständige Amtsgericht[8] um dessen eidliche Vernehmung zu ersuchen.[9]

Auf das Ersuchen finden die Vorschriften der §§. 158 bis 160, 166 des Gerichtsverfassungsgesetzes vom 27. Januar 1877 entsprechende Anwendung.[10]

Die Vorschriften der Abs. 4 und 5 finden auch Anwendung, wenn der Untersuchungskommissar wegen weiter Entfernung[11] des Wohn- oder Aufenthaltsorts des Zeugen oder Sachverständigen das zuständige Amtsgericht um Vernehmung desselben ersucht.[12] [13] [14]

[1] Die Anwesenheit des Vertreters der Anklage bei der Vernehmung des Angeschuldigten sowie seine und des Angeschuldigten Anwesenheit bei der Vernehmung der Zeugen

und Sachverständigen ist ausgeschlossen, ebenso die Zuziehung eines Beistandes des Angeschuldigten (Rechtsanwalts oder Arztes — vgl. § 30 Abs. 2 —).

[2] Vgl. Anm. 6 zu § 20.

[3] Vorladung: § 48 (vgl. Anm. 6 zu § 20). Ein Zwang zum Erscheinen (Vorführung, vorläufige Festnahme oder Verhaftung) ist unzulässig, ebenso die Androhung und Festsetzung einer Geldstrafe wegen des Nichterscheinens.

[4] über alle Anschuldigungspunkte, wobei Gelegenheit zum Vorbringen von Gegen- und Entlastungsbeweisen zu geben ist; zugleich sind die Personalien festzustellen.

[5] Belastungs- und Entlastungsbeweise. — Zulässig sind auch Durchsuchung und Beschlagnahme von Schriftstücken (§§ 98, 100, 105, 110 St.P.O.), jedoch nur durch Ersuchen des ordentlichen Richters, des zuständigen Amtsgerichts, und bei Gefahr im Verzuge der Ortspolizeibehörde.

[6] Die Beeidigung in der Voruntersuchung wird die Regel sein, da eine Beweisaufnahme in der Hauptverhandlung (schon im Interesse der Kostenersparniß) die Ausnahme bilden wird (vgl. § 33 Abs. 3).

[7] Die Abweichungen von den Vorschriften der St.P.O. sind: a) daß die Beeidigung nach der Vernehmung erfolgt (Nacheid statt des Voreides); — b) daß der Untersuchungskommissar zur Anwendung von Zwangsmaßregeln gegen ausbleibende oder ihr Zeugniß verweigernde Zeugen oder Sachverständige nicht befugt ist (vgl. Abs. 4).

[8] innerhalb Preußens: vgl. Anm. 1 zu § 11.

[9] Vgl. Anm. 7b und 12. — Um nichteidliche Vernehmungen (die aber nur bei voraussichtlicher Unerheblichkeit der Aussage zulässig sind — vgl. Anm. 6 —) kann auch die Ortspolizeibehörde ersucht werden (§ 11 Abs. 2).

[10] Das Ersuchen, das nicht abgelehnt werden darf, geht an das zuständige Amtsgericht (vgl. Anm. 8). Wird das Ersuchen abgelehnt, so entscheidet das dem Amtsgericht übergeordnete Oberlandesgericht endgültig.

[11] Ob solche anzunehmen, hat allein der Untersuchungskommissar zu entscheiden.

[12] An seinem Wohnorte kann der Untersuchungskommissar nur bei Ausbleiben des Zeugen oder Sachverständigen oder Verweigerung der Aussage das Amtsgericht ersuchen (vgl. Abs. 4).

[13] Für die Gebühren der Zeugen und Sachverständigen haftet die Kasse der Aerztekammer: § 46 Abs. 4. — Vorschuß: ebenda.

[14] Zu vgl. überhaupt C Muster 5.

β. Protokoll und Protokollführer.

§. 25. Ueber jede Untersuchungshandlung[1] ist ein Protokoll[2] aufzunehmen.

Der Protokollführer[3] ist vorher mittelst Handschlags an Eidesstatt zu verpflichten.[4]

[1] Vernehmung des Angeschuldigten und alle Beweisaufnahmehandlungen (vgl. Anm. 5 zu § 24).

[2] Zu vgl. § 186 St.P.O.: Angabe von Ort und Zeit der Verhandlung und der Namen der mitwirkenden und betheiligten Personen, Vorlesung behufs Genehmigung und Unterschrift der Betheiligten oder Angabe, weshalb die Unterschrift unterblieben ist, Unterschrift des Untersuchungskommissars und des Protokollführers.

[3] in dessen Auswahl der Untersuchungskommissar freie Hand hat; insbesondere kann ein Arzt als solcher verwendet werden.

[4] Auch ein bereits vereideter Beamter ist (unter Hinweis auf den geleisteten Diensteid) ad hoc zu verpflichten. — Für die Richtigkeit des Protokolls sind der Untersuchungskommissar und der Protokollführer verantwortlich. Meinungsverschiedenheiten zwischen ihnen sind, soweit sie durch Besprechung oder Nachfrage nicht ausgeglichen werden können, im Protokoll oder an dessen Rande zu vermerken; insoweit entbehrt es selbstverständlich der Beweiskraft.

γ. Rechte des Vertreters der Anklage.

§. 26. Der Vertreter der Anklage[1] ist berechtigt, von dem Stande der Voruntersuchung durch Einsicht der Akten[2] jederzeit[3] Kenntniß zu nehmen und die ihm geeignet erscheinenden Anträge[4] zu stellen.[5]

Weigert sich der Untersuchungskommissar, einem Antrag auf Ergänzung der Voruntersuchung[6] stattzugeben,[7] so ist die Entscheidung des Ehrengerichts[8] einzuholen.[9] [10]

[1] § 22; vgl. Anm. 1 zu § 24.

[2] die ihm zu diesem Zwecke von dem Untersuchungskommissar auf Ersuchen vorzulegen sind, aber auch von Amtswegen ihm vorgelegt werden können.

[3] sofern sie entbehrlich und zu beschaffen sind.

[4] jeder Art; Anträge auf Ergänzung der Voruntersuchung: Abs. 2.

[5] Die Entscheidung darüber steht dem Untersuchungskommissar zu; bei Ablehnung Beschwerde (?) — vgl. Ergänzung der Voruntersuchung: Abs. 2.

[6] Einen solchen Antrag kann auch der Angeschuldigte stellen.

[7] Wird dem Antrage stattgegeben, bedarf es der Entscheidung des Ehrengerichts nicht.

[8] die nach § 8 Abs. 3 mittelst schriftlicher Abstimmung getroffen werden kann und durch Vermittelung des Vorsitzenden, dem der Untersuchungskommissar die Akten übersendet, erfolgt.

[9] von Amtswegen; einer Beschwerde bedarf es nicht.

[10] Ergänzung der Voruntersuchung nach Abschluß derselben: Anm. 4 zu § 27.

δ. Abschluß der Voruntersuchung.

§. 27. Erachtet der Untersuchungskommissar den Zweck der Voruntersuchung für erreicht,[1] so übersendet er die Verhandlungen dem Ehrengerichte, welches dieselben, wenn es die Voruntersuchung für abgeschlossen hält,[3] dem Vertreter der Anklage zur Stellung seiner Anträge[4] vorlegt.[2]

Der Angeschuldigte ist hiervon zu benachrichtigen.[5]

[1] was er durch den Vermerk: „die Voruntersuchung wird, da ihr Zweck für erreicht erachtet wird, geschlossen" aktenkundig macht — vgl. C Muster 6a.

[2] d. h. dem Vorsitzenden, der, falls auch er die Voruntersuchung für abgeschlossen hält, die Akten mit dem von dem Untersuchungskommissar bei der Uebersendung an ihn entworfenen Vorlegungsbeschluß — vgl. C Muster 6b —, nachdem er diesen unterschrieben, zur gleichen Prüfung und Unterschrift bei den Mitgliedern des Ehrengerichts in Umlauf setzt (§ 8 Abs. 3 nebst Anm. 7), bis sie an den Untersuchungskommissar zurückgelangen, der sie dann dem Vertreter der Anklage im Auftrage des Vorsitzenden vorlegt — vgl. C Muster 6c. —

[3] Anderenfalls sind die Akten mit dem Beschlusse zur Ergänzung der Voruntersuchung behufs besserer Aufklärung an den Untersuchungskommissar zurückzusenden.

[4] § 28. Es erscheint aber nicht unzulässig, daß der Vertreter der Anklage auch nach Abschluß der Voruntersuchung noch einen Antrag auf Ergänzung derselben oder auf Aufklärung des einen oder anderen Punktes bei dem Untersuchungskommissar stellt, den dieser, falls er ihn nicht ablehnen will, ohne einen Beschluß des Ehrengerichts einholen zu müssen, wird erledigen können (vgl. § 26 Abs. 2 Anm. 7).

[5] durch den Vorsitzenden oder den Untersuchungskommissar, formlos (durch Brief) ohne Zustellung (Anm. 6 zu § 20) — vgl. C Muster 6c. — Zweck: einem etwa bestellten oder zu bestellenden Beistande kann von diesem Zeitpunkte ab die Einsicht der Untersuchungsakten gestattet werden (§ 30 Abs. 2).

2. a) Anträge des Vertreters der Anklage. Anklageschrift.

§. 28. Der Vertreter der Anklage hat bei dem Ehrengericht[1] entweder die Einstellung des Verfahrens[2] oder unter Einreichung einer Anklageschrift[3] die Anberaumung einer Sitzung zur Hauptverhandlung[4] zu beantragen.

Die Anklageschrift hat die dem Angeschuldigten zur Last gelegte Verfehlung durch Angabe der sie begründenden Thatsachen zu bezeichnen und, soweit in der Hauptverhandlung Beweise erhoben werden sollen, die Beweismittel anzugeben.[5]

[1] zu Händen des Vorsitzenden (vgl. § 5 Gesch.O. — B 2 —), der im Falle des § 27 das Ehrengericht einzuberufen, im Falle des § 28 den Termin zur Hauptverhandlung anzuberaumen hat.

[2] § 29. Einstellung ist zu beantragen, a) wenn die im Eröffnungsbeschlusse zur Last gelegten Verfehlungen nicht erwiesen sind, b) wenn die erwiesenen Verfehlungen keine ehrengerichtlich strafbare Handlung (§ 3) darstellen und c) im Falle des § 29 Abs. 2. Ist bei mehreren Anklagepunkten wegen eines Einstellung zu beantragen, so ist wegen der übrigen Anklage zu erheben und der Einstellungsantrag mit der Anklage zu verbinden (vgl. Anm. 1a zu § 29). — Der Antrag auf Einstellung des Verfahrens ist unzulässig, wenn der Angeschuldigte gemäß § 3 Abs. 4 die ehrengerichtliche Entscheidung über sein Verhalten beantragt hat (vgl. Anm. 5 zu § 3).

[3] und einer Abschrift derselben für den Angeschuldigten: vgl. § 30 Anm. 2. Im Uebrigen s. Abs. 2.

[4] § 30. — [5] Zu vgl. C Muster 8. — Im Falle des § 3 Abs. 4 wird die Schrift keine Anklage, sondern nur den Antrag auf Anberaumung der Hauptverhandlung unter Dar-

stellung des ermittelten Sachverhalts enthalten, also nicht als Anklageschrift zu bezeichnen sein.

b) Einstellung des Verfahrens.

§. 29. Die Einstellung des ehrengerichtlichen Verfahrens erfolgt durch Beschluß[1] des Ehrengerichts.[2] [3]

Ausfertigung des mit Gründen zu versehenden Einstellungsbeschlusses[4] ist dem Angeschuldigten[5] zuzustellen.[6] [7]

Ist das ehrengerichtliche Verfahren ohne Hauptverhandlung eingestellt, so kann die Anklage nur während eines Zeitraums von drei Jahren[8] und nur auf Grund neuer Thatsachen oder Beweismittel[9] wieder aufgenommen werden.[10]

[1] a) nur Beschluß; wenn daher bei mehreren Anklagepunkten wegen eines Einstellung des Verfahrens, wegen der anderen Anberaumung der Hauptverhandlung beantragt ist (Anm. 2 zu § 28), so ist in der Entscheidung, die auf die Anklage nach § 37 nur auf Verurtheilung oder Freisprechung lauten darf, zum Ausdruck zu bringen, daß sie Urtheil und Beschluß enthält („es wird für Recht erkannt und beschlossen").

b) Der Beschluß ist nicht ein das Verfahren leitender, sondern ein eine Entscheidung enthaltender (entscheidender) Beschluß. Er kann daher nicht gemäß § 8 Abs. 3 gefaßt, sondern muß in einer Sitzung des Ehrengerichts, die der Vorsitzende anzuberaumen hat (vgl. Anm. 1 zu § 28), erlassen werden.

[2] auf Antrag des Vertreters der Anklage: § 28. — Einstellung wegen Zurücknahme der Approbation: § 16 Abs. 4.

[3] Zu vgl. C Muster 7. — Verkündung durch den Vorsitzenden: § 12 Gesch.O. — B 2. —

[4] Zu vergl. §§ 13, 14 Gesch.O. — B 2. —

[5] nicht dem Vertreter der Anklage; für diesen genügt die Mittheilung durch Vorlegung der Urschrift mit den Akten.

[6] § 48. — [7] Beschwerde: §§ 45 Abs. 2, 39.

[8] vom Tage der Zustellung des Einstellungsbeschlusses ab.

[9] für die fallen gelassenen Anschuldigungspunkte. Neue Thatsachen oder Beweismittel sind solche, welche nach Lage der Akten zur Zeit des Einstellungsbeschlusses unbekannt waren, einerlei, ob sie früher oder später zur Entstehung gelangt sind.

[10] in einem neuen Verfahren nach §§ 19 ff.

3. Hauptverhandlung.

a) Vorbereitung und Grundsätze.

α. Ladung. Beistand.

§. 30. Wird das Verfahren nicht eingestellt, so ist der Angeschuldigte unter abschriftlicher Mittheilung[1] der Anklageschrift[2] zu einer von dem Vorsitzenden des Ehrengerichts anzuberaumenden Sitzung zur Hauptverhandlung vorzuladen.[3]

Der Angeschuldigte kann sich dabei[4] eines Rechtsanwalts oder eines Arztes[5] als Beistandes[6] bedienen. Dem Beistand[7] ist auf Antrag Einsicht der Untersuchungsakten zu gestatten.[8]

[1] Vgl. Anm. 6 zu § 20. Die Mittheilung der Anklageschrift ist wesentlich.

[2] § 28 Abs. 2. Es ist zweckmäßig, wenn der Vertreter der Anklage diese Abschrift bei Einreichung der Anklageschrift an das Ehrengericht beifügt; vgl. Anm. 3 zu § 28.

[3] Zustellung der Vorladung: § 48. Wegen Ladung von Zeugen und Sachverständigen vgl. §§ 33 Abs. 3, 35. Zu vgl. § 5 Abs. 5, § 8 Gesch.O. — B 2 — sowie C Muster 9. Eine Ladungsfrist ist nicht bestimmt; sie wird

aber auf mindestens eine Woche zu bemessen sein (vgl. § 216 St.P.O.).

[4] bei der Hauptverhandlung, ob auch schon in der Voruntersuchung, ist zweifelhaft, nach dem Ermessen des Untersuchungskommissars aber wohl nicht unzulässig. Die Akteneinsicht (Satz 2) ist aber erst nach Abschluß der Voruntersuchung gestattet (vgl. Anm. 5 zu § 27).

[5] nicht anderer Personen.

[6] der außerhalb der Hauptverhandlung und, falls in dieser der Angeschuldigte nicht mit ihm erscheint, auch in dieser eine schriftliche (stempelpflichtige) Vollmacht vorzulegen hat.

[7] nicht auch dem Angeschuldigten selbst.

[8] Vgl. Anm. 4. Dadurch wird dem Angeschuldigten die Möglichkeit gesichert, auch seinerseits durch seinen Beistand noch vor der Hauptverhandlung auf sicherer Grundlage Vertheidigungsanträge zu stellen. Das Recht der Akteneinsicht schließt das Recht, Abschriften zu fordern, in sich. Die Verabfolgung der Akten in die Wohnung des Beistandes ist nicht gerade unzulässig; jedoch wird die Regel sein, daß die Akten im Geschäftsraume des Vorsitzenden des Ehrengerichts oder durch ein ersuchtes Amtsgericht (§ 11) auf der Gerichtsschreiberei vorgelegt werden.

β. Theilnahme an der Hauptverhandlung.

§. 31. Die Mitglieder des Ehrengerichts, welche bei dem Beschluß auf Eröffnung der Voruntersuchung[1] mitgewirkt haben,[2] sind von der Theilnahme an dem weiteren Verfahren, insbesondere der Hauptverhandlung nicht ausgeschlossen.[3]

[1] § 20.

[2] insbesondere also auch der Untersuchungskommissar (§ 21).

[3] Abweichung von § 23 Abs. 3 St.P.O. u. § 77 G.V.G. Anders in der Berufungsinstanz: § 44 Abs. 3.

γ. Nichtöffentlichkeit.

§. 32. Die Hauptverhandlung ist nicht öffentlich.[1] Den Mitgliedern der Aerztekammer und ihren Stellvertretern ist der Zutritt zu gestatten, anderen Personen nur nach dem Ermessen des Vorsitzenden.[2]

Der Vorsitzende kann die Anwesenden[3] zur Verschwiegenheit verpflichten.[4]

[1] d. h. nur beschränkt (nach Maßgabe des folgenden Satzes) öffentlich.

[2] Ein Antrag oder die Zustimmung des Angeschuldigten oder des Vertreters der Anklage ist nicht erforderlich.

[3] alle Anwesenden, sowohl die Mitglieder des Ehrengerichts, als auch den Angeschuldigten, dessen Beistand, den Protokollführer, die Zeugen und Sachverständigen.

[4] Eine Strafvorschrift ist nicht gegeben. Die unter diesen Personen befindlichen Aerzte würden sich durch Bruch der Verschwiegenheit einer Pflichtverletzung nach § 3 schuldig machen.

b) α. Verfahren in der Hauptverhandlung.

§. 33. In der Hauptverhandlung[1] giebt nach[2] Verlesung des Beschlusses über die Eröffnung der Voruntersuchung[3] ein von dem Vorsitzenden des Ehrengerichts aus der Zahl der Mitglieder ernannter Berichterstatter[4] in Abwesenheit der Zeugen[5] eine Darstellung der Sache, wie sie aus den bisherigen Verhandlungen hervorgeht.[6]

Hierauf erfolgt die Vernehmung des Angeschuldigten[7] sowie die Vernehmung der Zeugen und Sachverständigen.[8]

Die Aussagen der nicht geladenen, bereits in der Voruntersuchung oder durch einen ersuchten Richter vernommenen Zeugen und Sachverständigen[9] sind in der Hauptverhandlung zu verlesen, sofern es der Vertreter der Anklage oder der Angeschuldigte beantragen[10] oder das Ehrengericht die Verlesung beschließt.[11]

Zum Schlusse der Hauptverhandlung werden der Vertreter der Anklage sowie der Angeschuldigte und sein Vertheidiger mit ihren Ausführungen und Anträgen gehört.

Dem Angeschuldigten gebührt das letzte Wort.

Der Vorsitzende kann für einzelne Theile[12] der Hauptverhandlung die Leitung einem anderen Mitgliede des Ehrengerichts übertragen.[13 14 15]

[1] die mündlich ist, soweit nicht Abs. 3 eine Ausnahme enthält; vgl. aber auch § 35.

[2] dem Aufrufe der Sache, des Angeschuldigten und der etwa geladenen Zeugen und Sachverständigen (vgl. § 35), mit dem die Hauptverhandlung beginnt (vgl. § 242 St.P.O.).

[3] § 20. — [4] Als solcher wird zweckmäßig (schon mit Rücksicht auf den Angeschuldigten) ein ärztliches Mitglied, nicht das richterliche Mitglied, das der Regel nach (§ 21) als Untersuchungskommissar fungirt hat, ernannt.

[5] Darüber, ob Sachverständige während des Berichts gegenwärtig sein dürfen, entscheidet der Vorsitzende, eventuell das Ehrengericht; unzulässig, wie die der Zeugen, ist ihre Anwesenheit nicht. Der Vertreter der Anklage und der Angeschuldigte haben ein Recht auf Anwesenheit, ersterer auch die Pflicht dazu.

[6] Die Darstellung des Berichterstatters muß sich streng an die Anschuldigungspunkte halten, denn sie allein bilden

den Gegenstand der Hauptverhandlung. Der Vortrag wird namentlich das Ergebniß der aufgenommenen Beweise objektiv, ohne Stellungnahme gegen oder für den Angeschuldigten, und möglichst eingehend zu berücksichtigen haben. Dem Berichterstatter bleibt es überlassen, inwieweit er die Aussagen der vernommenen Personen wörtlich oder nur ihrem wesentlichen Inhalte nach wiedergeben will.

[7] falls er erschienen ist: vgl. § 36.

[8] falls solche geladen sind — vgl. Abs. 3 und § 35.

[9] § 24.

[10] Ein Recht, die Vernehmung zu beantragen, ist weder dem Vertreter der Anklage noch dem Angeschuldigten gegeben (vgl. § 35). Der Antrag auf Verlesung einer Aussage aber darf nicht abgelehnt werden.

[11] Es genügt also unter Umständen die Darstellung des Berichterstatters.

[12] nicht für die ganze Hauptverhandlung.

[13] Insbesondere wird die Vernehmung etwa geladener Zeugen und Sachverständigen, wohl auch die Vernehmung des Angeschuldigten dem richterlichen Mitgliede übertragen werden.

[14] Nähere Vorschriften über die Leitung der Verhandlung sind in §§ 9 bis 11 Gesch.O. — B 2 — gegeben.

[15] Protokoll: § 38 und C Muster 10.

β. Aussetzung der Hauptverhandlung.

§. 34. Das Ehrengericht kann jederzeit[1] die Aussetzung der Hauptverhandlung anordnen,[2] wenn es eine solche behufs weiterer Aufklärung der Sache sowie beim Hervortreten neuer Thatumstände oder rechtlicher Gesichtspunkte für angemessen erachtet.[3]

[1] vor oder in der Hauptverhandlung.

[2] durch Beschluß.

[3] An Anträge des Vertreters der Anklage oder des Angeschuldigten ist es nicht gebunden. Es kann die Ver-

nehmung von Zeugen, sei es vor dem Ehrengericht (§ 35) oder durch den Untersuchungskommissar oder einen ersuchten Richter, sowie die Herbeischaffung anderer Beweismittel beschlossen, zugleich auch die Fortsetzung der Verhandlung auf einen zu bestimmenden und zu verkündenden, bei Abwesenheit des Angeschuldigten ihm bekannt zu machenden Tag verlegt werden. Nehmen an dieser neuen Verhandlung dieselben Richter Theil, so ist die Wiederholung der Verhandlungen, die in der ersten Hauptverhandlung stattgefunden haben, nicht erforderlich.

γ. Vernehmung von Zeugen und Sachverständigen.

§. 35. Das Ehrengericht kann nach freiem Ermessen[1] die Vernehmung von Zeugen und Sachverständigen durch einen ersuchten Richter oder in der Hauptverhandlung anordnen.[2]

Die Vorschriften des §. 24 Abs. 3 bis 6 finden entsprechende Anwendung.[3]

[1] ohne an Anträge des Vertreters der Anklage oder des Angeschuldigten gebunden zu sein, wenngleich durch solche die Anregung gegeben werden kann.

[2] Der Beschluß kann in der Hauptverhandlung sowie vor derselben, insbesondere schon bei der Anberaumung der Hauptverhandlung gefaßt werden, in diesem Falle durch den Vorsitzenden, wenn kein Widerspruch gegen seine Anordnung erhoben wird (§ 4 Abs. 3 Gesch.O. — B 2 —).

[3] Zu vgl. insbes. Anm. 7b, 9 und 12 daselbst.

δ. Nichterscheinen des Angeschuldigten.

§. 36. Die Hauptverhandlung kann stattfinden, auch wenn der Angeschuldigte trotz Vorladung[1] nicht erschienen ist.

Eine öffentliche Ladung oder Vorführung des Angeschuldigten ist unzulässig.[2]

Der Angeschuldigte kann sich durch einen Rechtsanwalt oder einen Arzt[3] vertreten lassen. Das Ehrengericht kann jedoch jederzeit[4] das persönliche Erscheinen des Angeschuldigten unter der Verwarnung anordnen, daß bei seinem Ausbleiben ein Vertreter nicht werde zugelassen werden.[5]

[1] Diese bildet die Voraussetzung für die Verhandlung ohne den Angeschuldigten. Nachweis: §. 48.

[2] so daß gegen einen Angeschuldigten, dessen Aufenthalt unbekannt ist, eine Hauptverhandlung nicht stattfinden darf.

[3] nicht durch eine andere Person (anders § 39 Abs. 3). Vollmacht: vgl. Anm. 6 zu § 30.

[4] vor und in der Hauptverhandlung.

[5] Die Verwarnung ist in die Ladung aufzunehmen. — Jedes weitere Zwangsmittel ist ausgeschlossen. Zwar kommt es bei ehrengerichtlichen Fällen ganz besonders auf die Persönlichkeit des Angeschuldigten an; indeß fällt doch das Hauptgewicht des Verfahrens so sehr in die Voruntersuchung (vgl. §§ 24, 33), daß es zulässig ist, dem Angeschuldigten, wenn er selbst auf sein persönliches Erscheinen kein Gewicht legt, eine vielleicht weite und kostspielige Reise zu ersparen. Gleichwohl kann das Ehrengericht das persönliche Erscheinen des Angeschuldigten anordnen, ohne daß jedoch eine Vorführung zulässig ist. Der Nachtheil für das Ausbleiben besteht dann bloß in der Nichtzulassung eines Vertheidigers zu seiner Vertretung.

c) Verkündung und Ausfertigung der Entscheidung. Freie Beweiswürdigung.

§. 37. Die Hauptverhandlung schließt mit der Verkündung der Entscheidung.[1] Dieselbe kann nur auf Freisprechung oder Verurtheilung lauten.[2] [3]

Das Ehrengericht urtheilt dabei nach seiner freien Ueberzeugung.[4]

Eine Ausfertigung der mit Gründen versehenen Entscheidung[5] ist dem Angeschuldigten zuzustellen.[6]

[1] durch den Vorsitzenden gemäß § 12 Gesch.O. -- B 2 — (Verlesung der Entscheidungsformel und Verlesen der Gründe oder mündliche Mittheilung des wesentlichen Inhalts) — vergl. C Muster 10. Vertagung der Verkündung: § 12 Abs. 3 Gesch.O.

[2] Wird gleichzeitig wegen eines Anschuldigungspunktes die Einstellung des Verfahrens (§ 29) beschlossen, so ist dies in der Fassung der Entscheidung zum Ausdruck zu bringen: vgl. Anm. 1a zu § 29. — Kostenpunkt: § 46 Abs. 3, 4.

[3] Abstimmung: § 8.

[4] Grundsatz der freien Beweiswürdigung. Eine Beschränkung auf den Inhalt der Hauptverhandlung (§ 260 St.P.O.) als Ueberzeugungsquelle ist nicht ausgesprochen; es kann auf den ganzen Akteninhalt zurückgegriffen werden. Bedeutung ärztlicher Standesordnungen: Anm. 1 zu § 3.

[5] Zu vgl. §§ 13, 14 Gesch.O. — B 2 — und C Muster 11.

[6] § 48. Nur dem Angeschuldigten, nicht dessen Vertreter, ebenso nicht dem Vertreter der Anklage. Diesem ist die Entscheidung in Urschrift vorzulegen oder eine Abschrift zu ertheilen unter Mittheilung des Tages der Zustellung an den Angeschuldigten (vgl. § 39 Abs. 4).

d) Protokoll.

§. 38. Ueber die Hauptverhandlung ist ein Protokoll aufzunehmen.[1] Dasselbe ist von dem Vorsitzenden und dem Protokollführer (§. 25)[2] zu unterschreiben.[3]

[1] Zu vgl. § 272 St.P.O.: Angabe von Ort und Tag der Verhandlung, der Namen der Richter, des Vertreters der Anklage und des Protokollführers, Bezeichnung der strafbaren

handlung nach dem Eröffnungsbeschlusse, Angabe der Namen des Angeschuldigten und seines Beistandes (Vertheidigers), weiterhin Gang und Ergebnisse der Hauptverhandlung, Nachweis der Beobachtung aller wesentlichen Förmlichkeiten, Bezeichnung der verlesenen Schriftstücke, Anführung der im Laufe der Verhandlung gestellten Anträge, die ergangenen Entscheidungen und Endentscheidungsformel, außerdem, falls es auf die Feststellung eines Vorganges in der Hauptverhandlung oder des Wortlautes einer Aussage oder einer Aeußerung ankommt, die vollständige Niederschrift sowie die Feststellung der Verlesung und Genehmigung des Niedergeschriebenen oder die Einwendungen dagegen — vgl. C Muster 10. — Das Protokoll soll eine zuverlässige Unterlage für die Beurtheilung des Ehrengerichtshofs bilden.

[2] Zu vgl. Anm. 4 zu § 25.

[3] Die Unterschrift ist wesentlich. — Das Protokoll wird nur von dem Vorsitzenden und dem Protokollführer, nicht auch von den übrigen Richtern unterschrieben.

V. Berufung an den Ehrengerichtshof.

1. a) Frist.

§. 39. Gegen die Entscheidung des Ehrengerichts steht sowohl dem Vertreter der Anklage, als dem Angeschuldigten die Berufung[1] an den Ehrengerichtshof zu.

Die Berufung ist bei dem Ehrengerichte, welches die angegriffene Entscheidung erlassen hat, schriftlich[2] einzulegen;[3] doch genügt[4] zur Wahrung der Berufungsfrist auch die Einlegung bei dem Ehrengerichtshofe.

Von Seiten des Angeschuldigten kann die Einlegung der Berufung durch einen Bevollmächtigten[5] geschehen.

Die Berufungsfrist beträgt einen Monat[6] und beginnt für beide Theile[7] mit dem Ablaufe des Tages, an welchem dem Angeschuldigten die Ausfertigung der Entscheidung zugestellt ist.[8]

[1] Die Berufung befaßt den zweiten Richter mit der Prüfung der gesammten thatsächlichen und rechtlichen Unterlagen und gewährt den Prozeßbetheiligten volle Freiheit in dem Vorbringen neuer Thatsachen und Beweise für die in der ersten Instanz verhandelten Beschuldigungen. Ausgeschlossen von der angerufenen Instanz bleiben nach § 41 Abs. 5 allein solche neue Thatsachen, welche die Grundlage einer anderen Beschuldigung bilden, selbst dann, wenn sie erst nach der in erster Instanz ergangenen Entscheidung eingetreten sind. Ist die Berufung vom Angeschuldigten nur wegen der Strafzumessung eingelegt, so ist die Schuldfrage selbst vom zweiten Richter nicht zu prüfen. — Die Berufung ist kein gemeinschaftliches Rechtsmittel; eine Anschlußberufung ist nicht zugelassen. Wer von beiden Theilen also die Entscheidung rechtskräftig werden läßt, kann aus der vom Gegner eingelegten Berufung niemals eine Abänderung zu seinen Gunsten erreichen, weder der Vertreter der Anklage eine Verschärfung, noch der Angeschuldigte (wie nach § 343 St.P.O.) eine Milderung. Die einseitige Berufung des Angeschuldigten darf also niemals zu einer Verschärfung der Entscheidung — **reformatio in peius** — führen.

Ueber die Beschwerde vgl. § 45 Abs. 2.

[2] d. h. durch einen vom Angeschuldigten oder seinem Bevollmächtigten (vgl. Anm. 5) bezw. vom Vertreter der Anklage unterzeichneten Schriftsatz; die Einlegung zu Protokoll ist nicht zugelassen. Ueber den Inhalt sind keine Vorschriften gegeben.

[3] Auf Ausdruck und richtige Benennung kommt es nicht an.

[4] ausnahmsweise.

[5] in dessen Wahl der Angeschuldigte gesetzlich nicht auf einen Rechtsanwalt oder Arzt beschränkt ist (wie in §§ 30 Abs. 2, 36 Abs. 3).

[6] Nothfrist. Berechnung: Anm. 3 zu § 18. — Eine Verlängerung der Einlegungsfrist ist ausgeschlossen (anders bei der Rechtfertigungsfrist). Wiedereinsetzung in den vorigen Stand? vgl. § 44 St.P.O.

[7] auch für den Vertreter der Anklage, dem daher dieser Tag mitzutheilen ist (vgl. Anm. 6 zu § 37).

[8] § 37 Abs. 3. Die Einlegung der Berufung vor dem Beginne der Frist ist nicht wirkungslos.

b) **Verspätung der Einlegung.**

§. 40. Ist die Berufung verspätet[1] eingelegt, so hat das Ehrengericht das Rechtsmittel als unzulässig zu verwerfen.[2]

Der Vertreter der Anklage und der Angeschuldigte können binnen einer Woche[3] nach Zustellung[2] des Beschlusses auf die Entscheidung des Ehrengerichtshofs antragen.

[1] Vgl. Anm. 6 zu § 39.

[2] durch einen (mit Gründen zu versehenden) Beschluß, der (als das Verfahren leitend, nicht entscheidend) im Wege der schriftlichen Abstimmung (§ 8 Abs. 3) gefaßt werden kann und dem Angeschuldigten sowie dem Vertreter der Anklage zuzustellen (§ 48) ist (vgl. Abs. 2).

[3] § 43 St.P.O. (§ 188 B.G.B.): die Frist endigt mit dem Ablaufe desjenigen Tages der folgenden Woche, der durch seine Benennung dem Tage entspricht, an dem die Zustellung erfolgt ist.

2. **Berufungsrechtfertigung und -beantwortung.**

§. 41. Zur schriftlichen Rechtfertigung[1] der Berufung steht dem einlegenden Theile eine vom Ablaufe der Einlegungsfrist[2] ab zu berechnende Frist von zwei Wochen[3] offen.

Die Schriftstücke über die Einlegung und Rechtfertigung der Berufung sind, wenn der Vertreter der Anklage die Berufung eingelegt hat, dem Angeschuldigten in Abschrift[4] zuzustellen[5] [6] und, falls die Berufung seitens des Angeschuldigten eingelegt worden ist, dem Vertreter der Anklage in Urschrift vorzulegen.[6]

Innerhalb zwei Wochen[3] nach erfolgter Zustellung der Rechtfertigungsschrift kann der andere Theil eine Beantwortungsschrift einreichen.

Die Fristen zur Rechtfertigung und Beantwortung der Berufung können von dem Ehrengericht auf Antrag verlängert werden.[7]

Neue Thatsachen, welche die Grundlage einer anderen Beschuldigung bilden, dürfen in der Berufungsinstanz nicht vorgebracht werden.[8]

[1] die aber für die Wirkung des Rechtsmittels nicht erforderlich, auch an keine Form gebunden ist.

[2] § 39 Abs. 4. — [3] Vgl. Anm. 3 zu § 40.

[4] die zweckmäßig von dem Vertreter der Anklage gleich beigelegt wird (vgl. Anm. 2 zu § 30).

[5] § 48. — [6] durch den Vorsitzenden des Ehrengerichts oder das mit der Bearbeitung der Sache beauftragte Mitglied: vgl. § 4 Abs. 2, § 5 Abs. 4 Gesch.O. — B 2. —

[7] Eine nach Ablauf der nicht auf Antrag verlängerten Frist eingereichte Schrift kann zurückgewiesen werden.

[8] Vgl. Anm. 1 zu § 39.

3. Akteneinsendung.

§. 42. Nach Ablauf der in den §§. 39, 40 Abs. 2 und 41 bestimmten Fristen werden die Akten[1] an den Ehrengerichtshof eingesandt.[2]

[1] Zu vgl. § 6 Abs. 2 Gesch.O. — B 2. —
[2] durch den Vorsitzenden oder dessen Stellvertreter oder das von ihm mit der Bearbeitung der Sache beauftragte Mitglied (vgl. § 4 Abs. 2, § 5 Abs. 6, 7 Gesch.O. — B 2 —).

4. Ehrengerichtshof.

a) Zusammensetzung.

§. 43. Der Ehrengerichtshof besteht:

1. aus dem Leiter der Medizinal-Abtheilung des Ministeriums der Medizinal-Angelegenheiten oder in dessen Behinderung aus dem rechtskundigen Mitgliede dieser Abtheilung als Vorsitzenden,
2. aus vier Mitgliedern des Aerztekammer-Ausschusses,[1]
3. aus zwei anderen Aerzten.

Die Letzteren und zwei Stellvertreter werden von dem König ernannt.

Die vier Mitglieder des Aerztekammer-Ausschusses und vier Stellvertreter werden von dem Aerztekammer-Ausschusse mit absoluter Stimmenmehrheit gewählt.

Die Ernennung und die Wahl der ärztlichen Mitglieder des Ehrengerichtshofs und ihrer Stellvertreter erfolgt auf die Dauer der Amtszeit des Aerztekammer-Ausschusses.

Die ärztlichen Mitglieder des Ehrengerichtshofs und deren Stellvertreter müssen zu den für das Ehrengericht wahlberechtigten Aerzten (§. 2 Schlußabsatz) gehören.

[1] Zu vgl. Verordnung vom 6. Januar 1896 — Anhang II — und Nr. 7 der Ausf.-Best. — B 1. —

b) Besetzung und Abstimmung.

§. 44. Der Ehrengerichtshof beschließt und entscheidet nach absoluter Stimmenmehrheit in der Besetzung von sieben Mitgliedern.[1]

Zu jeder dem Angeschuldigten nachtheiligen Entscheidung, welche die Schuldfrage betrifft, ist jedoch eine Mehrheit von fünf Siebentel der Stimmen erforderlich.[2]

Ein Mitglied, welches bei der angefochtenen Entscheidung mitgewirkt hat, ist von der Theilnahme an der Verhandlung und Entscheidung in der Berufungsinstanz ausgeschlossen.[3]

[1] Vgl. § 8 Abs. 1 nebst Anm. — [2] Vgl. § 8 Abs. 2 nebst Anm. 5. — [3] Anders § 31.

5. Verfahren in der Berufungs- und Beschwerdeinstanz.

§. 45. Auf das Verfahren in der Berufungs- und Beschwerdeinstanz finden die Vorschriften über das Verfahren erster Instanz entsprechende Anwendung.[1]

Für die Einlegung von Beschwerden[2] gegen Beschlüsse des Ehrengerichts sind die Bestimmungen des §. 39 maßgebend.

Die Verrichtungen des Vertreters der Anklage werden von einem rechtskundigen Kommissar des Ministers der Medizinal-Angelegenheiten wahrgenommen.

[1] Zu vgl. § 8 Abs. 3, 4, § 9 Abs. 2, § 11, § 13, § 16, § 24 Abs. 3 bis 6, § 25, § 26 Abs. 1, §. 30 Abs. 1, 2, §§ 32 bis 38. Zu vgl. auch §§ 4 ff. Gesch.O. — B 2. —

[2] die gegen alle im ehrengerichtlichen Verfahren ergehenden Beschlüsse des Ehrengerichts zulässig ist, soweit nicht das Gesetz selbst sie ausschließt oder beschränkt (vgl. § 23 Abs. 2 Satz 2).

VI. Kosten.

§. 46. Für das ehrengerichtliche Verfahren werden nur baare Auslagen[1] in Ansatz gebracht.

Der Betrag der entstandenen Kosten ist von dem Vorsitzenden des Ehrengerichts[2] festzusetzen. Die Festsetzung ist vollstreckbar.[3]

Ueber die Kostenerstattungspflicht des Angeschuldigten ist von dem Ehrengericht oder dem Ehrengerichtshofe mitzuentscheiden.[4]

Kosten, welche weder dem Angeschuldigten auferlegt, noch von dem Verpflichteten eingezogen werden können, fallen der Kasse der Aerztekammer[5] zur Last. Dieselbe haftet den Zeugen und Sachverständigen für die ihnen zukommende Entschädigung in gleichem Umfange, wie in Strafsachen die Staatskasse.[6] Bei weiter Entfernung des Aufenthaltsortes der geladenen Personen ist denselben auf Verlangen ein Vorschuß zu geben.[7]

[1] Porti, Zustellungskosten, Schreibgebühren, Tagegelder und Reisekosten des Untersuchungskommissars, Gebühren der Zeugen und Sachverständigen, Kosten der Veröffentlichung gemäß § 15 Abs. 4 — dagegen nicht die durch die Konstituirung und Tagung des Ehrengerichts entstehenden Kosten

(Tagegelder und Reisekosten der Mitglieder des Ehrengerichts), welche Verwaltungskosten sind (vgl. §§ 49, 50 Abs. 3 Nr. 1 u. 2).

[2] auch wenn in der Berufungsinstanz entschieden ist.

[3] Vollstreckbare Ausfertigung der Verfügung: § 47 Abs. 2.

[4] Die Unterlassung der Entscheidung über die Kosten oder die unrichtige Entscheidung bildet einen Berufungsgrund. — Bei theilweiser Freisprechung kann der Angeschuldigte von einem Theile der Kosten freigelassen werden. Mehrere wegen derselben That verurtheilte Angeschuldigte haften als Gesammtschuldner.

[5] § 50. — [6] Danach (vgl. §§ 70, 84 St.P.O.) haben Zeugen und Sachverständige Anspruch auf Entschädigung für Zeitversäumniß, auf Erstattung, insbesondere Reise- und Zehrungskosten, Sachverständige außerdem auf angemessene Vergütung für ihre Mühewaltung, alles nach Maßgabe der Gebührenordnung für Zeugen und Sachverständige (Fassung vom 20. Mai 1898 — R.G.Bl. S. 689 —). Die Gebühren werden nur auf Verlangen gewährt. Der Anspruch erlischt, wenn er nicht binnen drei Monaten angebracht wird.

[7] Bedürftigkeit ist nicht Voraussetzung für die Berechtigung zum Verlangen des Vorschusses.

VII. Vollstreckung.

§. 47. Die Vollstreckung der eine Geldstrafe[1] festsetzenden ehrengerichtlichen Entscheidung erfolgt auf Grund einer von dem Vorsitzenden des Ehrengerichts ertheilten, mit der Bescheinigung der Vollstreckbarkeit versehenen beglaubigten Abschrift der Entscheidungsformel[2] nach Maßgabe der Verordnung vom 7. September 1879, betreffend das Verwaltungszwangsverfahren wegen Beitreibung von Geldbeträgen (Gesetz-Samml. S. 591).[3]

Dasselbe gilt für die Vollstreckung der die Kosten festsetzenden Verfügung.[4]

[1] Ueber die Vollstreckung der auf Warnung oder Verweis (§ 15 Nr. 1 und 2) lautenden Strafe sind keine Vorschriften gegeben. Es bedarf solcher auch nicht; denn mit Eintritt der Rechtskraft der Entscheidung gilt die Warnung, der Verweis als ertheilt, also ist die Strafe vollstreckt. Nur im Falle des § 15 Abs. 3, 4 kann noch eine weitere Vollziehung der Nebenstrafe (Veröffentlichung der Entscheidung) nothwendig werden, die der Vorsitzende zu veranlassen hat. — Die Vollstreckung der Entziehung des Wahlrechts (§ 15 Nr. 4) wird durch die Eintragung eines bezüglichen Vermerkes in die Liste bezw. das Register der Aerzte (Nr. 3 Ausf.-B. — **B 1** — und § 7 Abs. 5 Gesch.O. — **B 2** —) gesichert. Dem Versuche eines Arztes, die Vollstreckung einer solchen Entscheidung durch Verlegung seines Wohnsitzes in einen anderen Aerztekammerbezirk zu vereiteln, ist dadurch vorgebeugt, daß der Vorsitzende von jeder ehrengerichtlichen Bestrafung den Vorsitzenden der Aerztekammern der übrigen Provinzen Mittheilung zu machen hat (§ 15 Gesch.O. — **B 2** —).

[2] nach folgendem Muster:

Vorstehende Abschrift stimmt mit der Urschrift überein. Die Entscheidung (der Beschluß, die Verfügung) ist vollstreckbar.

Datum . . . Siegel . . . Unterschrift.

Die Vollstreckung ist durch den Kassenführer, dem die vollstreckbare Entscheidung zu übergeben ist, zu betreiben (§ 53).

[3] An die Stelle der Verordnung vom 7. September 1879 ist die im wesentlichen übereinstimmende Verordnung vom 15. November 1899 (G.S. S. 545) getreten — vgl. § 53.

[4] Vgl. § 46 Abs. 2.

VIII. Zustellungen.

§. 48. Die nach den Bestimmungen dieses Gesetzes erfolgenden Zustellungen und Vorladungen sind gültig und bewirken den Lauf der Fristen, wenn sie unter Beobachtung der für gerichtliche Zustellungen durch die Post vorgeschriebenen Formen — §§. 193 bis 195 der Civil-Prozeß-Ordnung vom 31. Januar 1877 (Reichs-Gesetzbl. 1898 S. 410 ff.)[1] — demjenigen, an den sie ergehen, zugestellt werden.

Der Beauftragung eines Gerichtsvollziehers bedarf es dabei nicht.[2]

[1] Diese Vorschriften lauten:

§ 193. Zustellungen können auch durch die Post erfolgen.

§ 194. Wird durch die Post zugestellt, so hat der Gerichtsvollzieher — vgl. hier Anm. 2 — einen (durch sein Dienstsiegel) verschlossenen, mit der Adresse der Person, an welche zugestellt werden soll, versehenen und mit einer Geschäftsnummer bezeichneten Briefumschlag, in welchem die zuzustellende Ausfertigung oder die beglaubigte Abschrift des zuzustellenden Schriftstücks enthalten ist, der Post mit dem Ersuchen zu übergeben, die Zustellung einem Postboten des Bestimmungsorts aufzutragen.

(Abs. 2 betrifft nur die Zustellung durch Gerichtsvollzieher — vgl. Anm. 2 —).

§ 195. Die Zustellung durch den Postboten erfolgt in Gemäßheit der Bestimmungen der §§ 180—186.

Ueber die Zustellung ist von dem Postboten eine Urkunde aufzunehmen, welche den Bestimmungen des § 191 Nr. 1, 3—5, 7 entsprechen [d. h. a) Ort und Zeit der Zustellung; b) die Bezeichnung der Person, an welche zugestellt werden soll; c) die Bezeichnung der Person, welcher zugestellt ist; d) im Falle der Verweigerung der Annahme die Erwähnung, daß die Annahme verweigert und der zu übergebende Brief am Orte der Zustellung zurückgelassen ist; e) die Bemerkung, daß der zuzustellende Brief und eine beglaubigte Abschrift der Zustellungsurkunde übergeben sind; f) die Unterschrift des die Zustellung vollziehenden Beamten enthalten] und außerdem die Uebergabe des seinem Verschlusse, seiner Adresse und seiner Geschäftsnummer nach bezeichneten Briefumschlags, sowie der Abschrift der Zustellungsurkunde bezeugen muß.

Die Urkunde ist von dem Postboten der Postanstalt und von dieser dem Gerichtsvollzieher (bezw. dem Vorsitzenden rc. — vgl. Anm. 2 —) zu überliefern; ist ein Gerichtsvollzieher beauftragt, so hat dieser die Urkunde dem Vorsitzenden rc. zu übermitteln.

Nähere Vorschriften über die postamtliche Behandlung von Briefen mit Zustellungsurkunden enthält § 25 der Reichspostordnung vom 20. März 1900 (Beil. zu Nr. 18 des Amtsblatts des Reichspostamts, sowie Reichs-Centralblatt S. 53) und die Verfügung des Staatssekretärs des Reichspostamts vom 26. Oktober 1899 nebst Anweisung (Amtsblatt des Reichspostamts Nr. 57 S. 347, auch J.M.Bl. 1899 S. 722).

[2] Der Vorsitzende des Ehrengerichts bezw. sein Stellvertreter und das mit der Bearbeitung der Sache beauftragt. Mitglied sowie der Untersuchungskommissar können also unmittelbar die Post um Bewirkung der Zustellung ersuchen, nach Maßgabe der in Anm. 1 angeführten Vorschriften; die erforderliche Beglaubigung erfolgt durch den Vorsitzenden rc. Zu vgl. die Anm. 1 Abs. 2 angeführten Vorschriften. Danach (vgl. insbes. § 25 der Postordnung) hat der Absender eines Briefes mit Zustellungsurkunde dem verschlossenen Briefe zwei Formulare zur Zustellungsurkunde auf weißem Papier (Urschrift und Abschrift) haltbar äußerlich (unter die Verschlußklappe gesteckt) beizufügen und dementsprechend den Brief auf der Aufschriftseite mit dem Vermerke: „Hierbei ein Formular zur Zustellungsurkunde nebst Abschrift“ zu versehen. Der Absender muß den Kopf des Formulars zur

Zustellungsurkunde (Urschrift und Abschrift) dem Vordruck entsprechend ausfüllen und die Urschrift mit der für die Rücksendung erforderlichen Aufschrift versehen. Die Formulare können von den Postanstalten bezogen werden.

Dritter Abschnitt.

Das Umlagerecht und die Kassen der Aerztekammern.

I. Umlagerecht.

§. 49. Jede Aerztekammer ist befugt, von den wahlberechtigten[1] Aerzten des Kammerbezirkes einen von ihr festzusetzenden jährlichen Beitrag[2] zur Deckung ihres Kassenbedarfs zu erheben.[3]

Der Beschluß[4] der Aerztekammer über die Höhe des Beitrags und über die Festsetzung des Beitragsfußes bedarf der Genehmigung des Oberpräsidenten[5], welche von dem Vorstande der Aerztekammer nachzusuchen ist.

Wird die Genehmigung ertheilt, so erfolgt die Einziehung der Beiträge, soweit dieselben nicht freiwillig gezahlt werden,[6] nach Maßgabe der Verordnung vom 7. September 1879,[7] betreffend das Verwaltungszwangsverfahren wegen Beitreibung von Geldbeträgen (Gesetz-Samml. S. 591).

Ueber die Niederschlagung einzelner Beiträge entscheidet der Aerztekammer-Vorstand.[8]

[1] d. h. zur Aerztekammer wahlberechtigten — vgl. § 4 der Verordnung v. 25. Mai 1887 in der Fassung der Verordnung v. 23. Januar 1899 (Anh. I), — nicht im Sinne des § 2 des Ges. Die Nichtausübung einer ärztlichen Thätigkeit befreit nicht von der Beitragspflicht (Min.-Verordnung).

[2] der entweder auf eine für alle Aerzte gleiche Summe festzusetzen ist, aber auch (vgl. „Beitragsfuß“ in Abs. 2) nach den verschiedenen Einkommensverhältnissen oder in Prozenten der Staatssteuern bemessen werden kann.

[3] durch den Kassenführer: § 52.

[4] Vgl. Nr. 11 Ausf.-Best. — B 1. —

[5] § 12 des Ges.; vgl. § 13 der Verordnung vom 25. Mai 1887 — Anh. I. —

[6] wozu die Verpflichteten durch Beitragsausschreiben mit Zahlungsfrist durch den Kassenführer zu veranlassen sind, wobei auch die Ankündigung der Einziehung durch Postauftrag nicht unzulässig erscheint, da die Zahlung darauf eine freiwillige bleibt.

[7] jetzt: v. 15. November 1899 (G.S. S. 545), gleichen Inhalts.

[8] §§ 8, 9 der Verordnung v. 25. Mai 1887 — Anh. I — und Art. II der Verordnung v. 6. Januar 1896 — Anh. II. —

II. Kasseneinrichtung und -verwaltung.

1. Einrichtung. Einnahmen und Ausgaben.

§. 50. Bei jeder Aerztekammer wird eine Kasse errichtet. Diese gilt als Vertreterin der Aerztekammer in allen vermögensrechtlichen Angelegenheiten.[1] Sie kann Rechte erwerben und Verbindlichkeiten eingehen, vor Gericht klagen und verklagt werden. Sie hat ihren Sitz am Amtssitze des Oberpräsidenten. Die Kasse der Aerztekammer der Provinz Brandenburg und des Stadtkreises Berlin hat ihren Sitz in Berlin.

Zu der Kasse der Aerztekammer fließen:

1. Geldstrafen und Kosten (§§. 46 und 47);
2. die Beiträge der wahlberechtigten Aerzte des Kammerbezirkes (§. 49);
3. die der Aerztekammer gemachten Zuwendungen jeder Art.[2]

Aus der Kasse werden bestritten:

1. die Verwaltungskosten einschließlich der Tagegelder und Reisekosten der Mitglieder der Aerztekammer;
2. die Kosten des ehrengerichtlichen Verfahrens, soweit nicht eine Erstattung derselben stattfindet;[3]
3. der durch Beschluß des Aerztekammer-Ausschusses festgesetzte Beitrag der Aerztekammer zu den Kosten des Aerztekammer-Ausschusses;[4]
4. die sonstigen von der Aerztekammer beschlossenen Aufwendungen für Angelegenheiten des ärztlichen Standes.

[1] Sie ist also eine juristische Person. Vertretung: §§ 51 bis 53. Amtsbezeichnung und Siegel: Nr. 15 Ausf.-Best. — B 1. —

[2] Annahme- und Ausschlageerklärungen erfolgen durch den Vorstand (§ 51).

[3] § 47. — [4] Abänderung des § 6 der Verordnung vom 6. Januar 1896 — Anh. II. —

2. Verwaltung.

a) Vertretung. Kassenführer.

§. 51. Die Kasse wird von dem Vorstande[1] der Aerztekammer verwaltet[2] und nach Außen vertreten.[3]

Den Kassenführer wählt der Vorstand der Aerztekammer für die Dauer der Amtszeit[4] aus seiner Mitte.

[1] §§ 8, 9 der Verordnung v. 25. Mai 1887 — Anh. I. — [2] nach Maßgabe der bei jeder Aerztekammer aufzustellenden Kassenordnung: Nr. 16 Ausf.-Best. — B 1. — [3] Vgl. § 50 Anm. 1. — [4] §§ 6, 8 der Verordnung v. 25. Mai 1887 und Art. II der Verordnung v. 6. Januar 1896 — Anh. I u. II. —

b) **Rechte und Pflichten des Kassenführers.**

§. 52. Der Kassenführer ist zur Empfangnahme von Geldern und zur Ertheilung von Quittungen sowie auf Anweisung des Vorsitzenden der Aerztekammer zu Zahlungen berechtigt.[1]

Die einkommenden Gelder sind nach den für die Belegung vormundschaftlicher Gelder maßgebenden Vorschriften zinsbar zu belegen.[2]

Der Kassenführer hat über Einnahmen und Ausgaben Bücher zu führen.[3]

[1] ausschließlich; die Zahlungs-Anweisung aber muß von dem Vorsitzenden erlassen werden.

[2] §§ 1807, 1808 des Bürgerlichen Gesetzbuchs (R.G.Bl. 1896 S. 195) und Art. 73—76 des Preuß. Ausführungsgesetzes zum Bürgerlichen Gesetzbuche vom 20. September 1899 (G.S. S. 220).

[3] nach näherer Bestimmung der Kassenordnung — Anm. 2 zu § 51.

c) **Einziehung der Strafen, Kosten und Beiträge.**

§. 53. Der Kassenführer hat im Namen des Vorstandes der Aerztekammer die Einziehung der

Geldstrafen und Kosten[1] sowie der nicht freiwillig gezahlten Beiträge (§. 49 Abs. 3) zu betreiben.

Als Vollstreckungsbehörde im Sinne der Verordnung vom 7. September 1879,[2] betreffend das Verwaltungszwangsverfahren wegen Beitreibung von Geldbeträgen, (Gesetz-Samml. S. 591) gilt die Ortspolizeibehörde,[3] welche auf Ersuchen des Kassenführers die Vollstreckung zu bewirken hat.[4]

[1] § 47. — [2] jetzt: vom 15. November 1899 (G.S. S. 545) gleichen Inhalts.

[3] Vgl. Anm. 5 zu § 11.

[4] Das Ersuchen ist unter dem Kassensiegel (Anm. 1 zu § 50) und Unterschrift zu erlassen; die vollstreckbare Entscheidung (Anm. 2 zu § 47) ist beizufügen.

d) Prüfung und Rechnungslegung.

§. 54. Der Vorstand[1] der Aerztekammer hat mindestens jährlich ein Mal durch zwei seiner Mitglieder die Kasse und die Bücher nebst Belägen zu prüfen.

Der Kassenführer hat dem Vorstand und der Letztere der Aerztekammer jährlich[2] Rechnung zu legen.[3]

Die Aerztekammer ertheilt nach Erledigung etwaiger Anstände die Entlastung.[3]

[1] Anm. 1 zu § 51.

[2] nach Ablauf des mit dem Kalenderjahre zusammenfallenden Geschäftsjahrs.

[3] Nähere Vorschriften sind durch die Kassenordnung (Nr. 16 Ausf.-Best. — B 1 —) zu treffen.

e) **Revision.**

§. 55. Der Oberpräsident[1] ist befugt, von dem Stande der Kasse selbst oder durch einen Beauftragten Kenntniß zu nehmen und Bücher und Beläge zu prüfen.

[1] § 12 des Ges. u. § 13 der Verordnung v. 25. Mai 1887 — Anh. I. —

Vierter Abschnitt.

Uebergangs- und Schlußbestimmungen.

§. 56. Der §. 5 der Verordnung vom 25. Mai 1887, betreffend die Einrichtung einer ärztlichen Standesvertretung, (Gesetz-Samml. S. 169) wird aufgehoben.[1]

[1] Vgl. Einleitung S. 9, 10.

§. 57. Die bei dem Inkrafttreten des gegenwärtigen Gesetzes aus §. 5 der Verordnung vom 25. Mai 1887 anhängigen Angelegenheiten werden nach den bisherigen Vorschriften erledigt.

§. 58. Dieses Gesetz tritt am 1. April 1900 in Kraft. Mit der Ausführung desselben wird der Minister der Medizinal-Angelegenheiten beauftragt.[1]

[1] Zu vgl. die unter B 1 und 2 mitgetheilten Bestimmungen.

Urkundlich unter Unserer Höchsteigenhändigen Unterschrift und beigedrucktem Königlichen Insiegel.

Gegeben Windsor Castle, den 25. November 1899.

(L. S.) **Wilhelm.**

Fürst zu Hohenlohe. v. Miquel. Thielen. Frhr. v. Hammerstein. Schönstedt. Brefeld v. Goßler. Gr. v. Posadowsky. Gr. v. Bülow. Tirpitz. Studt. Frhr. v. Rheinbaben.

B.

Ausführungsvorschriften.

1. Ausführungsbestimmungen

des Ministers der geistlichen, Unterrichts- und Medizinal-Angelegenheiten zu dem Gesetze, betreffend die ärztlichen Ehrengerichte, das Umlagerecht und die Kassen der Aerztekammern, vom 25. November 1899.

(G.S. S. 565.)

Vom 21. Dezember 1899 — M.-Nr. 3284. —

Zur Ausführung des Gesetzes, betreffend die ärztlichen Ehrengerichte, das Umlagerecht und die Kassen der Aerztekammern, vom 25. November 1899 (G.S. S. 565), bestimme ich auf Grund des § 58 des Gesetzes Folgendes:

1. Die am 1. April 1900 in Wirksamkeit tretenden ärztlichen Ehrengerichte haben ihren Sitz an dem Amtssitze des Ober-Präsidenten der betreffenden Provinz. Das ärztliche Ehrengericht für die Provinz Brandenburg und den Stadtkreis Berlin, sowie der ärztliche Ehrengerichtshof haben ihren Sitz in Berlin. Die Sitzungen des ärztlichen Ehrengerichtshofes finden in den Geschäftsräumen des Ministeriums der Medizinal-Angelegenheiten statt.

2. Das ärztliche Ehrengericht führt die Amtsbezeichnung: „Aerztliches Ehrengericht für die Provinz ...." (Ostpreußen, Westpreußen, Pommern, Posen, Brandenburg und den Stadtkreis Berlin, Rheinprovinz und die Hohenzollern'schen Lande u. s. w.)

Die Vorladungen und Beschlüsse in dem Verfahren behufs Beilegung von Streitigkeiten (§§ 4, 10 des Gesetzes) ergehen jedoch unter der Bezeichnung: „Der ärztliche Ehrenrath der Provinz ..."

Der ärztliche Ehrengerichtshof führt die Amtsbezeichnung: „Aerztlicher Ehrengerichtshof" ohne weiteren Zusatz.

Das ärztliche Ehrengericht und der Ehrengerichtshof führen ein den heraldischen preußischen Adler enthaltendes Siegel mit der Umschrift: „Aerztliches Ehrengericht für die Provinz .....", „Aerztlicher Ehrengerichtshof".

3. Von dem Vorstande jeder Aerztekammer ist unverzüglich ein Verzeichniß der zu der Aerztekammer wahlberechtigten approbirten Aerzte des Kammerbezirkes aufzustellen. Bei jedem der in das Verzeichniß aufgenommenen — nach Vor- und Zunamen, Stand und Wohnort genau zu bezeichnenden — Arzte ist zu vermerken, ob derselbe nach § 2 des Gesetzes der Zuständigkeit des ärztlichen Ehrengerichts unterworfen ist oder ob er zu den von der Zuständigkeit des letzteren dauernd ausgenommenen Aerzten (§ 2 Nr. 1 u. 2 des Gesetzes) gehört. In Zweifelsfällen ist der Vermerk näher zu begründen und die Entscheidung des Ober-Präsidenten einzuholen.

In der Liste ist außerdem anzugeben, ob ein Arzt als Militär- oder Marinearzt dem Beurlaubtenstande angehört.

Der Vorstand der Aerztekammer hat die Aerzte dieser Kategorie aufzufordern, von ihrer Einziehung zur Dienstleistung spätestens nach Empfang des Gestellungsbefehls Anzeige zu erstatten.

Die Liste ist dauernd richtig zu erhalten und alljährlich gegen Ende Dezember neu aufzustellen.

Eine beglaubigte Abschrift der Liste und ihrer nachträglichen Abänderungen ist dem Oberpräsidenten einzureichen, ein zweites Exemplar ist zu den Akten des Ehrengerichts zu nehmen.

4. Die zur Konstituirung der ärztlichen Ehrengerichte und des Ehrengerichtshofes erforderlichen Wahlen sind mit besonderer Beschleunigung, die erstmaligen Wahlen im Jahre 1900 spätestens bis zum 15. Februar vorzunehmen.

5. Die Wahl der ärztlichen Mitglieder des Ehrengerichts und ihrer Stellvertreter (§ 7 Abs. 1 des Gesetzes) erfolgt unter sinngemäßer Anwendung der für die Wahl des Vorstandes der Aerztekammer gegebenen Vorschriften in der in dem § 8 Abs. 1 der Verordnung, betreffend die Einrichtung einer ärztlichen Standesvertretung, vom 25. Mai 1887 (G.S. S. 169) — Anh. I — bezeichneten Wahlversammlung der Aerztekammer. Voraussetzung ist hierbei jedoch, daß in dieser Wahlversammlung mindestens zwei Drittel der nach § 2 des Gesetzes wahlberechtigten Mitglieder der Aerztekammer oder deren Stellvertreter anwesend sind. Bei geringerer Theilnehmerzahl ist eine neue Wahlversammlung nicht über zwei Wochen hinaus anzuberaumen. In der neuen Wahlversammlung sind die Wahlen nach den vorstehenden Bestimmungen ohne Rücksicht auf die Zahl der anwesenden Mitglieder vorzunehmen. In dem Einladungsschreiben ist hierauf ausdrücklich hinzuweisen.

In dem Wahlprotokoll ist die Wahlberechtigung der Wahltheilnehmer und die Wählbarkeit der

Gewählten im Sinne des § 2 des Gesetzes besonders festzustellen.

In den Fällen der nachträglichen Ablehnung oder des späteren Ausscheidens eines ärztlichen Mitgliedes des Ehrengerichts oder eines Stellvertreters durch Tod, Verzicht, Verlust der Wählbarkeit oder Ausscheiden aus dem Kammerbezirk ist für die unverzügliche Vornahme der erforderlichen Nachwahl auf die restliche Dauer der Amtszeit des Ablehnenden oder Ausgeschiedenen Sorge zu tragen.

6. In der zu 5 bezeichneten Wahlversammlung ist von den wahlberechtigten Theilnehmern
   a) über die Reihenfolge, in der die Stellvertreter der ärztlichen Mitglieder des Ehrengerichts zu berufen sind (§ 7 Abs. 1 Nr. 1 des Gesetzes);
   b) über die Sätze der Tagegelder und Reisekosten, welche den ärztlichen Mitgliedern des Ehrengerichts gewährt werden sollen (§ 7 Abs. 3 des Gesetzes), Beschluß zu fassen.

7. Die vorstehend zu 5 und 6 getroffenen Bestimmungen finden auf die Wahlen der von dem Aerztekammer-Ausschusse zu wählenden vier Mitglieder des ärztlichen Ehrengerichtshofes und ihrer Stellvertreter (§ 43) sowie auf die dabei zu fassenden Beschlüsse des Aerztekammerausschusses mit der Maßgabe sinngemäße Anwendung, daß die Wahlen und Beschlüsse für jede Amtsperiode in der ersten beschlußfähigen Sitzung des Aerztekammerausschusses nach Konstituirung desselben stattzufinden haben, und daß von dem Ergebniß unter Beifügung des Sitzungsprotokolls bis zum 20. Februar des betreffenden Jahres, bezüglich der erstmaligen Wahlen und Beschlüsse bis zum 20. Februar 1900 mir Anzeige zu erstatten ist.

8. Die Wahl des richterlichen Mitgliedes des ärztlichen Ehrengerichts und seines Stellvertreters (§ 7 Abs. 1

Nr. 2 des Gesetzes) erfolgt in der ersten beschlußfähigen Sitzung des Vorstandes der Aerztekammer nach Beginn der Amtsperiode. Die Wahl erfolgt in gesonderten Wahlgängen nach absoluter Stimmenmehrheit; bei Stimmengleichheit entscheidet die Stimme des Vorsitzenden.

In derselben Sitzung ist auch über die Höhe der dem richterlichen Mitgliede des Ehrengerichts und seinem Stellvertreter zu gewährenden Vergütung (§ 7 Abs. 2 des Gesetzes) Beschluß zu fassen.

Ueber die Beschlußfassung und über die Wahlhandlung ist ein Protokoll aufzunehmen, welches von dem Vorsitzenden binnen einer Woche dem Ober-Präsidenten einzureichen ist.

Findet der Ober-Präsident nichts zu erinnern, so hat er sich wegen Herbeiführung der Genehmigung zur Annahme der Wahl und zur Führung des Nebenamtes mit dem zuständigen Oberlandesgerichts-Präsidenten in Verbindung zu setzen.

Wird die Genehmigung versagt, so ist die Wahlhandlung zu wiederholen; der betreffende Richter scheidet dabei aus der Zahl der Wahlkandidaten aus.

Die Wahlhandlung ist auch zu erneuern, falls der Gewählte die Wahl ablehnt oder nachträglich verzichtet oder an einen anderen Ort versetzt wird oder die Richtereigenschaft verliert.

9. Gehört der Vorsitzende der Aerztekammer zu den in dem § 2 des Gesetzes bezeichneten, der Zuständigkeit des Ehrengerichts nicht unterworfenen Aerzten, oder lehnt er den Vorsitz des Ehrengerichts ab oder ist er sonst dauernd behindert, so haben die Mitglieder des Ehrengerichts nach § 9 des Gesetzes einen Vorsitzenden aus ihrer Mitte für die Dauer ihrer Amtszeit zu wählen. Die Wahl erfolgt nach absoluter Stimmenmehrheit; bei Stimmengleichheit entscheidet das von dem ältesten Mitgliede zu ziehende Loos.

Der Zusammentritt des Ehrengerichts behufs Vornahme der nach Absatz 1 erforderlichen Wahl ist von dem Ober-Präsidenten herbeizuführen, sobald die Wahlen der Mitglieder beendet sind.

Die Wahlhandlung wird von dem seinen Jahren nach ältesten Mitgliede geleitet. Das Wahlprotokoll ist dem Ober-Präsidenten einzureichen.

10. Dem Ermessen des Ober-Präsidenten wird anheimgestellt, ob er sich in dem ehrengerichtlichen Strafverfahren durch einen dauernd oder für den einzelnen Fall bestellten Beauftragten vertreten lassen will (§ 12 des Gesetzes).

11. In der ersten beschlußfähigen Sitzung jedes Jahres hat die Aerztekammer den nach § 49 des Gesetzes erforderlichen Beschluß über die Festsetzung des jährlichen Beitrages, welcher von den zur Aerztekammer wahlberechtigten Aerzten des Bezirks zu erheben ist, zu fassen. Der erstmalige Beitrag ist für die Zeit vom 1. April bis 31. Dezember 1900 festzusetzen.

12. In der ersten beschlußfähigen Sitzung des Vorstandes der Aerztekammer, welche in der neuen Amtsperiode stattfindet, ist die Wahl des Kassenführers nach § 51 Abs. 2 des Gesetzes vorzunehmen.

Von der Wahl ist dem Ober-Präsidenten Anzeige zu erstatten.

13. Seitens des Ober-Präsidenten ist mir über die Erledigung der vorstehenden Anordnungen bis zum 20. Februar 1900 Bericht zu erstatten.

14. Der Erlaß von Geschäftsordnungen für die ärztlichen Ehrengerichte, sowie für den Ehrengerichtshof bleibt vorbehalten — vgl. B 2. —

15. Die Kasse der Aerztekammer führt die Amtsbezeichnung: „Kasse der Aerztekammer für die Provinz . . .“

Diese Amtsbezeichnung ist auch auf dem von der Kasse zu führenden, den Preußischen heraldischen Adler enthaltenden Siegel zu verwenden.

16. Für die Kasse der Aerztekammer ist seitens des Vorstandes der Aerztekammer eine Kassenordnung auszuarbeiten und dem Ober-Präsidenten einzureichen.

Findet dieser nichts zu erinnern, so ist sie der Aerztekammer zur Genehmigung vorzulegen.

Die Kassenordnung hat Bestimmungen über den inneren und äußeren Geschäftsbetrieb der Kasse, insbesondere über das Geschäftsjahr, über die zu führenden Bücher (§ 52 Abs. 3 des Gesetzes), über die Kassenprüfungen (§ 54 Abs. 1 des Gesetzes), über die Dauer der Aufbewahrung der Bücher und Beläge, über die Beitreibung der Kosten, Geldstrafen, Beiträge und sonstigen Außenstände (§§ 46, 47, 53 des Gesetzes) sowie über die Rechnungslegung und Entlastung (§ 54 Abs. 2 und 3 des Gesetzes) zu enthalten.

17. In dem letzten Monat des ersten und jedes folgenden Geschäftsjahres ist von dem Vorstande der Aerztekammer ein Voranschlag über die voraussichtlichen Einnahmen und Ausgaben der Kasse der Aerztekammer für das nachfolgende Geschäftsjahr aufzustellen und der Aerztekammer spätestens in der zu 11 bezeichneten Sitzung zur Beschlußfassung vorzulegen.

Beglaubigte Abschrift des Voranschlages ist dem Ober-Präsidenten einzureichen.

Studt.

2. Geschäftsordnung

für die ärztlichen Ehrengerichte und den ärztlichen Ehrengerichtshof.*)

§ 1. Die Vorsitzenden und die ärztlichen Mitglieder der Ehrengerichte, die ärztlichen Mitglieder des Ehrengerichts-

---

*) Der § 15 Abs. 1 ist abgeändert durch den Erlaß vom 5. Juni 1900. Die neue Fassung ist in den Text aufgenommen. In der ursprünglichen Fassung lautete § 15 Abs. 1: „Der Vorsitzende hat von jeder ehrengerichtlichen Bestrafung eines Arztes der über den Wohn- oder Aufenthaltsort desselben zuständigen Staatsanwaltschaft Mittheilung zu machen.“

hofes sowie die Stellvertreter werden auf die unparteiische und gewissenhafte Erfüllung ihrer Obliegenheiten durch Handschlag an Eidesstatt verpflichtet.

Die Verpflichtung der Mitglieder und ihrer Stellvertreter erfolgt bei der ersten Dienstleistung in der Amtsperiode durch den Vorsitzenden.

Der Vorsitzende des Ehrengerichts wird durch den Ober-Präsidenten oder dessen Stellvertreter verpflichtet. Ueber die Verpflichtung ist ein Protokoll aufzunehmen; dasselbe ist zu den Generalakten des betreffenden Gerichts zu bringen.

Bei dem Beginn einer neuen Amtsperiode sind die bereits früher verpflichteten Vorsitzenden, Mitglieder und Stellvertreter auf diese Verpflichtung hinzuweisen.

§ 2. Das Geschäftsjahr des Ehrengerichts und des Ehrengerichtshofes ist das Kalenderjahr.

Der nach § 14 des Gesetzes, betreffend die ärztlichen Ehrengerichte u. s. w., zu erstattende Geschäftsbericht ist dem Ober-Präsidenten Ende Januar einzureichen.

Die Vorschrift des § 14 a. a. O. und die vorstehende Fristbestimmung finden auch auf den ärztlichen Ehrengerichtshof mit der Maßgabe Anwendung, daß der Geschäftsbericht dem Minister der Medizinal-Angelegenheiten zu erstatten ist.

§ 3. Der Vorsitzende des Ehrengerichts hat für die Bereitstellung der nöthigen Geschäftsräume, für die Anstellung des erforderlichen Bureau- und Unterbeamtenpersonals, für die Ordnung der Registratur und für die sonstigen Bureaubedürfnisse, sowie für die Bereitstellung und Deckung der erforderlichen Geldmittel Sorge zu tragen.

Wegen der Regelung der Bureaubedürfnisse u. s. w. des Ehrengerichtshofes bleibt besondere Verfügung vorbehalten.

§ 4. Die Beschlüsse und Entscheidungen der ärztlichen Ehrengerichte und des Ehrengerichtshofes werden durch mündlichen oder, soweit gesetzlich zulässig, schriftlichen Kollegialbeschluß (§ 8 des Gesetzes) erledigt.

Verfügungen, welche eine sachliche Entscheidung nicht enthalten, insbesondere diejengen, welche nur die Leitung des Verfahrens betreffen, werden von dem Vorsitzenden — vgl. den folgenden § 5 — oder von demjenigen Mitgliede erlassen, welchem die Bearbeitung der Sache übertragen ist (§ 3 Abs. 3 und §§ 20 Abs. 2, 21 des Gesetzes.)

Wird gegen eine Verfügung des Vorsitzenden oder des beauftragten Mitgliedes von einem Betheiligten Widerspruch erhoben, so muß der Beschluß des Kollegiums eingeholt werden.

§ 5. Dem Vorsitzenden des Ehrengerichts liegt die Leitung und Beaufsichtigung des gesammten Geschäftsbetriebes ob.

Der Vorsitzende öffnet die eingehenden Sendungen und läßt dieselben mit dem Eingangsvermerk und der Tagebuchnummer (E. G. Nr. . . . für das ehrengerichtliche Strafverfahren; E. R. Nr. . . . für das ehrengerichtliche Vermittelungsverfahren — vgl. § 4 des Gesetzes und Nr. 2 der Ausführungsbestimmungen vom 21. Dezember 1899 sowie unten § 7 Nr. 1 und 2) — versehen.

Der Vorsitzende vertheilt die Geschäfte, ernennt die Berichterstatter und veranlaßt die Einladung der Mitglieder (Stellvertreter) sowie des Protokollführers zu den von ihm anberaumten Sitzungen.

Er veranlaßt die Ladungen und Zustellungen und überwacht deren Ausführung sowie die Aufbewahrung der Zustellungsurkunden.

Er bestimmt die Tagesordnung der Sitzungen und führt die erforderlichen Beschlüsse — ev. nach § 8 Abs. 3 des Gesetzes auf schriftlichem Wege — herbei, bestellt im Vermittelungsverfahren das beauftragte Mitglied, führt die Beschlüsse des Ehrengerichts aus und bewirkt und überwacht die Vollstreckung der Entscheidungen.

Er zeichnet die Urschriften aller Verfügungen u. s. w., vollzieht alle Reinschriften und trifft in Bezug auf Bücher, Akten und Geschäftskontrolen die erforderlichen Anordnungen.

Bei Behinderung des Vorsitzenden tritt der stellvertretende Vorsitzende (§ 9 Abs. 3 des Ges.) ohne weiteres in dessen Befugnisse ein. Ist auch der Letztere behindert, so bestimmt, falls die Vertretung nicht durch Gerichtsbeschluß geregelt ist, der Vorsitzende (Stellvertreter) das ihn vertretende Mitglied.

Der Fall der Behinderung im Sinne dieser Bestimmungen ist insbesondere auch dann gegeben, wenn der Vorsitzende und der stellvertretende Vorsitzende nicht an dem Sitze des Ehrengerichts wohnhaft sind.

Die Bestimmungen der Absätze 1—7 finden auf den Vorsitzenden des Ehrengerichtshofes und dessen Vertreter (§ 43 Abs. 1 Nr. 1 des Gesetzes) entsprechende Anwendung.

§ 6. Die Ordnung der Registratur, die Anlegung der Akten und die Einrichtung und Führung der erforderlichen Geschäftsbücher und Geschäftskontrolen hat sowohl bei den ärztlichen Ehrengerichten als bei dem Ehrengerichtshofe unter Anlehnung an die Vorschriften der Geschäftsordnung für die Sekretariate der Staatsanwaltschaften bei den Oberlandesgerichten vom 30. November 1899 (Justizministerialblatt für 1899 Nr. 46 S. 601—625) zu erfolgen.

Die Akten sind mit einem Inhaltsverzeichniß (Rotulus), die einzelnen Blätter mit Seitenzahlen zu versehen.

§ 7. Bei jedem Ehrengerichte sind mindestens folgende Geschäftsbücher zu führen:

1) ein Tagebuch für die sämmtlichen Eingänge in Angelegenheiten, betreffend die Beilegung von Streitigkeiten (§ 4 des Gesetzes) — (E. R. Nr. . . .);

2) ein Tagebuch für alle übrigen Eingänge (E. G. Nr. . . .);

3) ein Register für ehrengerichtliche Strafsachen;

4) ein Register für Vermittelungssachen;

5) ein Tagebuch für die Untersuchungskommissare (U. C. Nr. . . .);

6) ein Geschäfts- und Terminkalender;
7) ein Register für Generalakten;
8) ein Postbuch;
9) ein Einnahme- und Ausgabebuch;
10) ein alphabetisches Register der sämmtlichen der Zuständigkeit des betreffenden Ehrengerichts unterstehenden Aerzte.

Das Verzeichniß ist auf Grund und nach Maßgabe der in Nr. 3 der Ausführungsbestimmungen vom 21. Dezember 1899 an das Ehrengericht gelangenden Liste aufzustellen.

Hinsichtlich der Militärverhältnisse der einzelnen Aerzte ist das Register nach den von den Sanitätsämtern und den Marine-Stationsärzten zu Kiel und Wilhelmshaven eingehenden Verzeichnissen und den vierteljährlich nachfolgenden Ergänzungsverzeichnissen dauernd richtig zu erhalten.

In dem Register sind auch die Anzeigen der Aerzte über Einziehung zu militärischen Dienstleistungen (Nr. 3 Abs. 3 der Ausführungsbestimmungen vom 21. Dezember 1899) sowie die amtlichen Mittheilungen des Generalstabsarztes der Marine über Einziehung von Marineärzten des Beurlaubtenstandes zu vermerken.

In das Register sind die gerichtlichen oder ehrengerichtlichen Strafen jedes darin verzeichneten Arztes einzutragen. Auch die Eröffnung und das Ergebniß eines strafgerichtlichen Hauptverfahrens sowie die Einleitung und das Ergebniß des Verfahrens auf Approbationsentziehung sind unmittelbar nach Eingang der entsprechenden Benachrichtigungen der Staatsanwaltschaft — vgl. Allgemeine Verfügung des Herrn Justizministers vom 9. März 1900 (Justizministerialblatt S. 86)*) — oder des Bezirks-

---

*) Diese allgemeine Verfügung betr. die von den Beamten der Staatsanwaltschaft an andere Behörden zu machenden Mittheilungen bildet eine Art Ergänzung der Verfügung des Justizministers vom 25. August 1879 (Justiz-Ministerialblatt S. 251) und

ausschusses — vgl. Runderlaß des Herrn Ministers des Innern vom 28. Februar 1900 (V.M.Bl. S. 129)*) — einzutragen.

Die Eintragung der Militärverhältnisse und der Bestrafungen u. s. w. kann auch auf Zählkarten erfolgen.

§ 8. Die zu einer Sitzung einberufenen Mitglieder (Stellvertreter) des Ehrengerichts und des Ehrengerichtshofes haben im Falle ihrer Behinderung dies umgehend dem Vorsitzenden anzuzeigen. Der Letztere hat für die unverzügliche Einberufung der erforderlichen Stellvertreter in der festgesetzten Reihenfolge Sorge zu tragen.

---

bestimmt, daß die Beamten der Staatsanwaltschaft nunmehr verpflichtet sind, dem Oberpräsidenten und dem Vorsitzenden der Aerztekammer Mittheilung davon zu machen, wenn gegen Aerzte, „insoweit sie der ärztlichen Ehrengerichtsbarkeit unterstehen", eine Untersuchung wegen eines Verbrechens oder Vergehens eingeleitet wird resp. in Uebertretungssachen, sobald rechtskräftig auf Strafe erkannt worden ist.

*) Berlin, den 28. Februar 1900.

Die Vorschriften des § 16 des am 1. April d. J. in Kraft tretenden Gesetzes, betreffend die ärztlichen Ehrengerichte, das Umlagerecht und die Kassen der Aerztekammern, vom 25. Novbr. v. J. (G.S. S. 565) lassen es geboten erscheinen, daß die ärztlichen Ehrengerichte von der Einleitung eines Verfahrens auf Zurücknahme der ärztlichen Approbation (§ 53 der Reichsgewerbeordnung) gegen einen ihrer Gerichtsbarkeit unterstehenden Arzt, sowie von dem Ausgange eines solchen Verfahrens in jedem einzelnen Falle alsbald Kenntniß erhalten. Da für das Verfahren auf Zurücknahme der Approbation nach § 54 der Reichsgewerbeordnung und § 120 des Zuständigkeitsgesetzes die Bezirksausschüsse zuständig sind, ersuche ich, den dortigen Bezirksausschuß mit entsprechender Weisung zu versehen.

Ferner wollen Sie die Ihnen unterstellten Verwaltungs- und Verwaltungsgerichts-Behörden, insbesondere auch die Ortspolizeibehörden auf den Inhalt des § 11 Abs. 1 und 2 und des § 53 des vorerwähnten Gesetzes vom 25. November v. J. noch besonders aufmerksam machen lassen. Es läßt sich erwarten, daß die Thätigkeit der ärztlichen Ehrengerichte dadurch wesentlich erleichtert werden wird.

J. V.: gez. Braunbehrens.

An die Herren Regierungs-Präsidenten.

§ 9. In den Sitzungen leitet der Vorsitzende (vorbehaltlich der Bestimmung im § 33 Absatz 6 des Gesetzes) die Verhandlung und Berathung.

Auf die Berathung und Abstimmung finden die nachfolgenden Vorschriften der §§ 194 Absatz 1 und 2, 196 bis 198 Absatz 2 und 3 des Gerichtsverfassungsgesetzes vom 27. Januar 1877 (R.G.Bl. für 1898 S. 371 ff.) entsprechende Anwendung:

§ 194. Bei Entscheidungen dürfen Richter nur in der gesetzlich bestimmten Anzahl mitwirken.

Bei Verhandlungen von längerer Dauer kann der Vorsitzende die Zuziehung von Ergänzungsrichtern anordnen, welche der Verhandlung beizuwohnen und im Falle der Verhinderung eines Richters für denselben einzutreten haben.

§ 196. Der Vorsitzende leitet die Berathung, stellt die Fragen und sammelt die Stimmen.

Meinungsverschiedenheiten über den Gegenstand, die Fassung und die Reihenfolge der Fragen oder über das Ergebniss der Abstimmung entscheidet das Gericht.

§ 197. Kein Richter . . . darf die Abstimmung über eine Frage verweigern, weil er bei der Abstimmung über eine vorhergegangene Frage in der Minderheit geblieben ist.

§ 198. (Abs. 2 und 3.) Bilden sich in Beziehung auf Summen (= Geldbeträge), über welche zu entscheiden ist, mehr als zwei Meinungen, deren keine die Mehrheit für sich hat, so werden die für die grösste Summe abgegebenen Stimmen den für die zunächst geringere abgegebenen so lange hinzugerechnet, bis sich eine Mehrheit ergiebt.

Bilden sich in einer Strafsache, von der Schuldfrage abgesehen, mehr als zwei Meinungen, deren keine die Mehrheit für sich hat, so werden die dem Beschuldigten nachtheiligsten Stimmen den zunächst minder nachtheiligen so lange hinzugerechnet, bis sich eine Mehrheit ergiebt.

Die Reihenfolge bei der Abstimmung richtet sich nach dem Lebensalter; der Jüngste stimmt zuerst, der Vorsitzende zuletzt. Wenn ein Berichterstatter ernannt ist, so giebt dieser seine Stimme zuerst ab.

Bei der Berathung und Abstimmung dürfen nur die zur Mitwirkung berufenen Mitglieder des Ehrengerichts oder des Ehrengerichtshofes sowie der Protokollführer anwesend sein.

Die Mitglieder des Ehrengerichts und des Ehrengerichtshofes sowie der Protokollführer sind verpflichtet, über die Verhandlungen sowie über den Hergang bei der Berathung und Abstimmung Stillschweigen zu beobachten.

§ 10. In Bezug auf die Geschäftssprache der ärztlichen Ehrengerichte und des Ehrengerichtshofes finden die nachfolgenden Vorschriften der §§ 186—188, 190—193 des Gerichtsverfassungsgesetzes vom 27. Januar 1877 entsprechende Anwendung:

§ 186. Die Gerichtssprache ist die deutsche.

§ 187. Wird unter Betheiligung von Personen verhandelt, welche der deutschen Sprache nicht mächtig sind, so ist ein Dolmetscher zuzuziehen. Die Führung eines Nebenprotokolls in der fremden Sprache findet nicht statt; jedoch sollen Aussagen und Erklärungen in fremder Sprache, wenn und soweit der Richter dies mit Rücksicht auf die Wichtigkeit der Sache für erforderlich erachtet, auch in der fremden Sprache in das Protokoll oder in eine Anlage niedergeschrieben werden. In den dazu geeigneten Fällen soll dem Protokolle eine durch den Dolmetscher zu beglaubigende Uebersetzung beigefügt werden.

Die Zuziehung eines Dolmetschers kann unterbleiben, wenn die betheiligten Personen sämmtlich der fremden Sprache mächtig sind.

§ 188. Zur Verhandlung mit tauben oder stummen Personen ist, sofern nicht eine schriftliche Verständigung erfolgt, eine Person als Dolmetscher zuzuziehen, mit deren Hülfe die Verständigung in anderer Weise erfolgen kann.

§ 190. Personen, welche der deutschen Sprache nicht mächtig sind, leisten Eide in der ihnen geläufigen Sprache.

§ 191. Der Dolmetscher hat einen Eid dahin zu leisten: dass er treu und gewissenhaft übertragen werde.

Ist der Dolmetscher für Uebertragungen der betreffenden Art im allgemeinen beeidigt, so genügt die Berufung auf den geleisteten Eid.

§ 192. Der Dienst des Dolmetschers kann von dem Gerichtsschreiber wahrgenommen werden. Einer besonderen Beeidigung bedarf es nicht.

§ 193. Auf den Dolmetscher finden die Bestimmungen über Ausschliessung und Ablehnung der Sachverständigen entsprechende Anwendung. Die Entscheidung erfolgt durch das Gericht oder den Richter, von welchem der Dolmetscher zugezogen ist.

Eingaben, welche nicht in deutscher Sprache abgefaßt sind, werden nicht berücksichtigt.

§ 11. Die Aufrechterhaltung der Ordnung in der Sitzung liegt dem Vorsitzenden ob.

§ 12. Beschlüsse und Entscheidungen des Ehrengerichts und des Ehrengerichtshofes sind von dem Vorsitzenden durch Verlesung des Beschlusses oder der Entscheidungsformel zu verkünden.

Wird die Verkündung der Gründe für angemessen erachtet, so erfolgt sie durch Verlesen derselben oder durch mündliche Mittheilung des wesentlichen Inhalts.

Die Verkündung kann auf eine spätere Sitzung vertagt werden.

§ 13. Die Entscheidungen und entscheidenden Beschlüsse (vgl. insbesondere §§ 17 und 29 des Gesetzes) enthalten eine gedrängte Darstellung des Sachverhalts auf Grundlage der gesammten Verhandlungen unter Hervorhebung der gestellten Anträge, der gefaßten Beschlüsse und des Ergebnisses der Beweisaufnahme (Thatbestand), ferner die Entscheidungsgründe und die von der Darstellung des Thatbestandes und der Entscheidungsgründe äußerlich zu sondernde Urtheilsformel.

Die Entscheidungen und Beschlüsse sind in der Urschrift von dem Vorsitzenden und den Beisitzern, welche bei denselben mitgewirkt haben, zu unterschreiben. Bei Behinderung eines Mitgliedes vermerkt der Vorsitzende an der betreffenden Unterschriftstelle die Thatsache und den Grund der Behinderung.

§ 14. Bei den Ausfertigungen der Entscheidungen und der im § 13 angeführten Beschlüsse sind im Eingange die Mitglieder des Ehrengerichts (Ehrengerichtshofes), welche an der Entscheidung oder den Beschlüssen Theil genommen haben, namentlich aufzuführen. Auch ist der Sitzungstag, an welchem die Entscheidung oder der Beschluß erfolgt ist, zu verzeichnen.

Die Ausfertigung erhält neben dem Siegel des Ehrengerichts (Ehrengerichtshofes) die Schlußformel:

„Urkundlich unter Siegel und Unterschrift.“

Hierunter ist die Amtsbezeichnung des Gerichts (Nr. 2 der Ausführungsbestimmungen vom 21. Dezember 1899) zu setzen. Die Vollziehung erfolgt durch den Vorsitzenden.

§ 15. (Fassung der Verfügung vom 5. Juni 1900.) Der Vorsitzende hat von jeder ehrengerichtlichen Bestrafung eines Arztes den Vorsitzenden der Aerztekammern der übrigen Provinzen Mittheilung zu machen.

Die Mittheilung erfolgt binnen vierzehn Tagen nach der Rechtskraft der Entscheidung unter Uebersendung einer beglaubigten Abschrift der Entscheidungsformel.

§ 16. Die ehrengerichtliche Bestrafung eines Militärarztes des Beurlaubtenstandes ist von dem Vorsitzenden des Ehrengerichts dem zuständigen Sanitätsamte, die Bestrafung eines Marinearztes des Beurlaubtenstandes dem Generalstabsarzte der Marine mitzutheilen.

Die Mittheilung erfolgt binnen 14 Tagen nach der Rechtskraft der Entscheidung unter Ueberſendung einer beglaubigten Abschrift der Entscheidungsformel.

Dem Sanitätsamte und dem Generalstabsarzte der Marine sind auf Ersuchen auch die Akten zur Einsicht zu übersenden.

Berlin, den 6. April 1900.

Der Minister der Medizinal-Angelegenheiten.
gez. Studt.

C.

Muster für die geschäftliche Behandlung.*)

(Entwürfe zu Schreiben, Verfügungen, Beschlüssen und Entscheidungen.)

1. **Vorläufige Anhörung des Angeschuldigten** (Anm. 3 zu § 20 des Ges.).

a) Geht bei dem Vorsitzenden des Ehrengerichts, an den alle für das Ehrengericht bestimmte Eingaben zu richten sind, eine Anzeige (Antrag, Beschwerde, Anschuldigung 2c.) gegen einen

---

*) Für das Vermittelungsverfahren zur Beilegung von Streitigkeiten (§§ 4, 10 des Ges.) sind keine Muster entworfen. Nähere Vorschriften für dieses Verfahren sind in dem Gesetze nicht gegeben; es wird sich durchgehends in den Formen der gewöhnlichen Korrespondenz bewegen. Zu bemerken ist nur, daß der Vorsitzende bezw. das Mitglied, dem er die Vermittelung übertragen hat, als: „Der ärztliche Ehrenrath der Provinz . . . N. N. (bezw. J. A. N. N.)" zu zeichnen haben. Zu vgl. Anm. 7 und 8 zu § 4 des Gesetzes.

Arzt ein, so ist diesem Abschrift davon zu übersenden mit folgendem Schreiben:

An (den Arzt) Herrn Dr. med. N. N. . . .

In der Anlage erhalten Sie Abschrift einer gegen Sie eingegangenen Anzeige (erhobenen Anschuldigung 2c.) zur Erklärung. Geht binnen zwei Wochen eine Erklärung bei dem Unterzeichneten nicht ein, so wird angenommen, daß Sie vorläufig (zur Zeit) eine solche nicht abgeben wollen.

b) Eignet sich nach der Ansicht des Vorsitzenden die Sache zum nicht förmlichen Verfahren (§ 17 des Gesetzes), so ist dem Schreiben unter a) Folgendes zuzusetzen:

Falls Sie nicht ausdrücklich das förmliche ehrengerichtliche Verfahren beantragen, wird das nicht förmliche ehrengerichtliche Verfahren gemäß § 17 des Gesetzes vom 25. November 1899 eingeleitet werden.

Bemerkungen.

I. Der Vorsitzende kann in geeigneten Fällen sogleich den Untersuchungskommissar (§ 21 des Ges.) bestellen und diesem die Anzeige 2c. zur weiteren Veranlassung übermitteln, in welchem Falle dieser das vorstehende Schreiben (im Auftrage des Vorsitzenden) zu erlassen hat.

II. Dieses Schreiben fällt selbstverständlich fort, wenn bereits ein Vermittelungsverfahren (§ 4 des Ges.) vorangegangen ist, das zu keinem Ergebniß geführt hat, ebenso dann, wenn ein Arzt gemäß § 3 Abs. 4 des Ges. das Verfahren beantragt hat.

2. **Mittheilung an den Oberpräsidenten bezw. dessen Beauftragten** (Anm. 3 zu § 20 des Ges.).

a) Nach Ablauf der in dem Schreiben zu 1a gesetzten Frist und zutreffendenfalls nebst der eingegangenen Erklärung wird die Anzeige rc. urschriftlich dem Oberpräsidenten (und wenn dieser durch einen dauernd bestellten Beauftragten vertreten wird, diesem) mit folgendem Schreiben vorgelegt:

Beiliegende Anzeige rc. wird
dem Herrn Oberpräsidenten
(dem Beauftragten des Oberpräsidenten im ehrengerichtlichen Verfahren gegen Aerzte
Herrn . . . .)
in . . .
vorgelegt mit der gehorsamsten Bitte:

Eure Excellenz wolle den Vertreter der Anklage bestellen, diesem die Sache zur Kenntnißnahme und eventuellen Stellung des Antrags auf Eröffnung der Voruntersuchung übergeben und sodann die Akten an mich zurückgelangen lassen.

(ergebenst vorgelegt zur Kenntnißnahme und eventuellen Stellung des Antrags auf Eröffnung der Voruntersuchung.)

b) Im Falle 1b erfolgt die Vorlage „zur Kenntnißnahme und Anhörung darüber, ob Bedenken dagegen obwalten, die Angelegenheit ohne förmliches ehrengerichtliches Verfahren gemäß

§ 17 des Gesetzes vom 25. November 1899 zu behandeln."

Bemerkung.

Dieses Schreiben fällt fort, wenn ein Arzt selbst das Verfahren gemäß § 3 Abs. 4 beantragt hat.

3. Eröffnungsbeschluß nebst Verfügung (§§ 20 ff., 8 Abs. 3 des Ges.).

a) Wenn die Schreiben 1 und 2 erledigt sind und der Vorsitzende nicht schon vorher den Untersuchungskommissar bestellt hat, so ist dies nunmehr durch eine Verfügung in den Akten zu bewirken. Die Akten sind sodann dem Untersuchungskommissar zu übersenden, damit er den Eröffnungsbeschluß entwerfe. Dieser kann nach folgenden Mustern gefaßt werden:

α. Gegen den Arzt Dr. med. . . . in . . ., welchem zur Last gelegt wird,

(1) die Pflicht, seine Berufsthätigkeit gewissenhaft auszuüben, dadurch verletzt zu haben, daß er (beispielsweise: den Krankheitsfall X. aus strafbarer Nachlässigkeit falsch behandelt hat; — oder: daß er bei Ausstellung von Attesten nicht gewissenhaft vorging u. dgl.);

(2) dadurch, daß er (beispielsweise: in Beziehung auf die Person und die Berufsthätigkeit eines Kollegen ehrenrührige Aeußerungen gemacht hat in der Absicht, dessen Berufsthätigkeit zu schädigen

oder ihn zu verdrängen; — oder: in unwürdiger Weise versucht hat, einen Kollegen in seiner Berufsthätigkeit zu benachtheiligen oder zu verdrängen [Konkurrenzneid, unlauterer Wettbewerb]; — oder: häufiger während Ausübung seiner Berufsthätigkeit betrunken war), sich der Achtung unwürdig gezeigt zu haben, die sein Beruf erfordert,

— ehrengerichtlich strafbare Pflichtverletzung gemäß § 3 des Gesetzes vom 25. November 1899 —

wird die Voruntersuchung im ehrengerichtlichen Verfahren eröffnet.

Untersuchungskommissar ist das richterliche Mitglied des Ehrengerichts, . . ., Vertreter der Anklage der Beauftragte des Oberpräsidenten, . . .

(wenn letzterer noch nicht bestellt ist: Der Vertreter der Anklage wird benannt werden, sobald er von dem Herrn Oberpräsidenten bestellt ist.)

Aerztliches Ehrengericht für die Provinz . . .

Unterschriften.

(Raum für 5 Unterschriften zu lassen!)

β. Falls es sich um eine größere Zahl von Verfehlungen handelt, empfiehlt sich folgende Fassung:

Gegen den Arzt Dr. med. . . . in . . . wird die Voruntersuchung im ehrengerichtlichen Verfahren eröffnet wegen der Anschuldigung,

seine Berufsthätigkeit nicht gewissenhaft ausgeübt zu haben,

durch sein Verhalten in Ausübung des Berufs sowie außerhalb desselben sich der Achtung nicht würdig gezeigt zu haben, die sein Beruf erfordert,

— ehrengerichtlich strafbare Pflichtverletzung gemäß § 3 des Gesetzes vom 25. November 1899. —

Dem Angeschuldigten werden folgende Verfehlungen zur Last gelegt: (einzeln anzuführen!)

Im Uebrigen wie unter α.

γ. Der Eröffnungsbeschluß auf Antrag eines Arztes selbst (§ 3 Abs. 4 des Ges.) wird zu fassen sein:

Gegen den Arzt Dr. med. . . . wird auf seinen Antrag die Voruntersuchung im ehrengerichtlichen Verfahren eröffnet behufs Herbeiführung einer Entscheidung über sein Verhalten.

Dem Angeschuldigten werden folgende Verfehlungen zur Last gelegt: 2c. 2c. 2c.

b) Der Entwurf des Eröffnungsbeschlusses wird vom Untersuchungskommissar nebst dem Entwurfe folgender Verfügung:

Der vorstehende Beschluß nebst den Akten wird den Mitgliedern des Ehrengerichts, den Herren . . ., zuletzt dem Herrn Untersuchungskommissar vorgelegt mit dem Ersuchen, ihn durch ihre Unterschrift zu vollziehen, falls nicht ein Mitglied mündliche Berathung verlangt, dem Untersuchungskommissar zugleich zur weiteren Veranlassung.

H . . ., den . . . 19 . .

Der Vorsitzende des ärztl. Ehrengerichts
f. d. Provinz . . .

dem Vorsitzenden des Ehrengerichts zugesandt, der nach Vollziehung des Beschlusses und der Verfügung die Akten in Umlauf setzt, bis sie an den Untersuchungskommissar gelangen. Dessen nächste Thätigkeit wird durch die unter 5. folgende Verfügung dargestellt.

Die **Ablehnung** der Eröffnung der Voruntersuchung (§ 23 des Ges.) erfolgt durch folgenden Beschluß, der im Uebrigen wie der Eröffnungsbeschluß — Muster 3 — zu behandeln ist:

Die Eröffnung der Voruntersuchung im ehrengerichtlichen Verfahren gegen den Arzt Dr. med. . . . in . . . (welche von dem Beauftragten des Oberpräsidenten in ... beantragt ist) wird aus folgenden Gründen abgelehnt:

zc. zc. zc.

5. **Verfügung des Untersuchungskommissars** (§ 24 des Ges.).

1. Es sind zwei Abschriften des Eröffnungsbeschlusses anzufertigen und zu beglaubigen.
2. Die eine Abschrift erhält der Beauftragte des Oberpräsidenten (bezw. — wenn eine Mittheilung des unter Nr. 2a angegebenen Inhalts nicht vorhergegangen war und ein dauernd bestellter Beauftragter nicht ernannt ist — der Oberpräsident mit folgendem Schreiben: Durch Beschluß vom ... ist die Voruntersuchung im ehrengerichtlichen Verfahren gegen den Arzt Dr. med. ... eröffnet. Eurer Excellenz überreiche ich beglaubigte Abschrift des Beschlusses mit der gehorsamsten Bitte, mir den für diesen Fall zur Vertretung der Anklage bestellten Beauftragten benennen zu wollen).
3. An die Ortspolizeibehörde in ...

   In dem ehrengerichtlichen Verfahren gegen den Arzt Dr. med. ... in ... ersuche ich die Ortspolizeibehörde ergebenst um gefällige amtliche Auskunft über die persönlichen Verhältnisse des genannten Angeschuldigten sowie um eine Aeußerung über seine Lebensführung und seinen Ruf.

4. Die zweite Abschrift des Eröffnungsbeschlusses nebst den Akten

an das Königl. Amtsgericht

in . . .

mit dem Ersuchen

1. den Angeschuldigten, den Arzt Dr. med. . . . in . . . unter Mittheilung der beiliegenden beglaubigten Abschrift des Eröffnungsbeschlusses vorzuladen (Zustellung von Amtswegen) und, wenn er erscheint, zu hören;
2. folgende Zeugen (u. Sachverständige) eidlich (Nacheid!) über die angegebenen Punkte zu vernehmen:

a) . . . b) . . .

M. . . ., den

Der Untersuchungskommissar des ärztlichen Ehrengerichts für die Provinz . . .

N. N.

Bemerkung.

Wohnen der Angeschuldigte und die Zeugen 2c. am Wohnorte des Untersuchungskommissars oder begiebt sich dieser zur Vernehmung an den Wohnort des Angeschuldigten und der Zeugen 2c., so fällt Ziff. 4 der vorstehenden Verfügung fort. Der Untersuchungskommissar hat diese Personen dann vor sich selbst zu laden und zu vernehmen.

6. **Schluß der Voruntersuchung. Vorlegungsbeschluß und Verfügung des Untersuchungskommissars** (§ 27 des Ges.).

a) Schluß der Voruntersuchung:

1. Die Voruntersuchung wird, da ihr Zweck für erreicht erachtet wird, geschlossen.

2. Gemäß § 27 des Ges. v. 25. Novbr. 1899 werden die Verhandlungen zur Beschlußfassung — vgl. b) — über die Vorlegung derselben an den Vertreter der Anklage dem Ehrengerichte zu Händen des Vorsitzenden

des Herrn Geh. San.Raths Dr. . . . in . . . überreicht.

M. . . ., den

Der Untersuchungskommissar des ärztlichen Ehrengerichts
N. N.

b) Zugleich mit dem Schreiben zu a) 2 legt der Untersuchungskommissar den Entwurf des folgenden Beschlusses nebst Verfügung dem Vorsitzenden vor, der nach Vollziehung des Beschlusses und der Verfügung die Akten in Umlauf setzt, bis sie an den Untersuchungskommissar zurückgelangen.

I. Beschluß. Die Verhandlungen sind, da die Voruntersuchung für abgeschlossen gehalten wird, dem Vertreter der Anklage vorzulegen.

Das ärztliche Ehrengericht
für die Provinz . . . .

(Raum für 5 Unterschriften.)

II. 1. Der vorstehende Beschluß nebst den Verhandlungen wird den Mitgliedern des Ehrengerichts

Herrn ꝛc. ꝛc. ꝛc.

vorgelegt mit dem Ersuchen, ihn im Falle des Einverständnisses zu vollziehen, sonst die Verhandlungen mit den etwaigen Anträgen an den Vorsitzenden zurückzusenden.

2. Nach Vollziehung des Beschlusses dem Untersuchungskommissar, um die Vorlegung an den Vertreter der Anklage zu bewirken.

H. . . ., den

Der Vorsitzende
des ärztlichen Ehrengerichts.

c) Nach Eingang der Akten beim Untersuchungskommissar (vgl. b, II 2):

1. An den Angeschuldigten:

In dem ehrengerichtlichen Verfahren gegen Sie werden Sie gemäß § 27 Abs. 2 des Ges. v. 25. Nov. 1899 benachrichtigt, daß nach dem Abschlusse der Voruntersuchung die Verhandlungen dem Vertreter der Anklage, Herrn Regierungsrath N. N. in . . . . vorgelegt sind.

2. Die Verhandlungen werden dem Vertreter der Anklage

Herrn Regierungsrath N. N. in ....
ergebenst vorgelegt.

M. ..., den

J. A. des Vorsitzenden des ärztl. Ehrengerichts.
Der Untersuchungskommissar.

7. Einstellungsbeschluß (§§ 28, 29).

Sitzung des ärztlichen Ehrengerichts für die Provinz ...
Gegenwärtig:
Geh. San.-Rath ... Vorsitzender u. s. w. — vgl. Nr. 10. —

M. ..., den

In dem ehrengerichtlichen Verfahren gegen den Arzt Dr. med. ... in ... beschließt das Ehrengericht dem Antrage des Vertreters der Anklage entsprechend:

Das Verfahren wird eingestellt. Die Kosten des Verfahrens fallen der Kasse der Aerztekammer für die Provinz ... zur Last.

Gründe 2c. 2c. 2c.

8. Anklageschrift (§ 28 Abs. 2)

Der Vertreter der Anklage beim ärztlichen Ehrengerichte für die Provinz ...

M. ..., den

Anklageschrift.

Der Arzt Dr. med. ... in ... wird angeschuldigt, (vgl. den Eröffnungsbeschluß!) — ehrengerichtlich strafbare Pflichtverletzung nach § 3 des Gesetzes vom 25. November 1899. —

Begründung: 2c. 2c. 2c.

Beweismittel sind: 2c. 2c. 2c.

Es wird beantragt, eine Sitzung des Ehrengerichts zur Hauptverhandlung anzuberaumen.

N. N.

9. Verfügung des Vorsitzenden betr. Anberaumung der Hauptverhandlung (§ 30 des Ges.).

1. In dem ehrengerichtlichen Verfahren gegen den Arzt Dr. med. . . . wird die Sitzung zur Hauptverhandlung auf den . . . . im Sitzungssaale (der Kgl. Regierung ꝛc.) in . . . . anberaumt.

2. Zu laden zur Hauptverhandlung durch Abschrift der Terminsbestimmung zu 1 — Zust.-Urkde. zu d. A.! —

   a) der Angeschuldigte, unter Mittheilung der Anklageschrift und unter Hinweis darauf, daß die Hauptverhandlung stattfinden kann, auch wenn der Angeschuldigte trotz Vorladung nicht erscheint (§ 36 des Ges. v. 25. Nov. 1899);

   b) folgende Zeugen und Sachverständigen (deren Ladung ausdrücklich beantragt und angeordnet wird) unter Hinweis darauf, daß ein Zeuge oder Sachverständiger, der trotz Vorladung nicht erscheint, durch Ersuchen des zuständigen Amtsgerichts eidlich vernommen werden wird.

3. Die Mitglieder des Ehrengerichts, die Herren . . . ., der Vertreter der Anklage, Herr . . .,

der Protokollführer, Herr ... (vgl. 4) sind zu der Sitzung mittelst folgenden Schreibens einzuladen:

In dem ehrengerichtlichen Verfahren gegen 2c. ist Sitzung zur Hauptverhandlung auf den ... in ... anberaumt.

Zur Theilnahme an dieser Sitzung werden Sie hierdurch eingeladen mit dem Ersuchen, falls Sie an der Theilnahme behindert sind, mir sobald als möglich Mittheilung zu machen.

4. Zum Protokollführer wird Herr ... bestimmt, (nöthigenfalls ist der Herr Oberpräsident zu bitten, einen solchen zu bestimmen und zu der Sitzung abzuordnen).

5. Zum Berichterstatter wird Herr ... ernannt, dem die Akten nach Erledigung der Verfügung zu 2—4 und Eingang der Zustellungsurkunden zugesandt werden mit der Bitte, die Akten zu der Sitzung vorzulegen.

H. ..., den

Der Vorsitzende des ärztl. Ehrengerichts
für die Provinz ...

10. Sitzungsprotokoll (§§ 33, 37, 38 des Ges.).

Sitzung
des ärztlichen Ehrengerichts für die Provinz ...

Gegenwärtig:

1. Geh. San.-Rath Dr. S. ...
als Vorsitzender,
2. San.-Rath Dr. H. ... } Mitglieder
3. San.-Rath Dr. F. ... } der Aerzte-
4. Dr. B. ... } kammer,
5. Amtsgerichtsrath R. ..., richterliches Mitglied,
als beisitzende Richter,

Regierungsrath T. ...
als Vertreter der Anklage,

Regierungssekretär P. ...
als Protokollführer.

M. ..., den 19..

In dem ehrengerichtlichen Verfahren gegen
den Arzt Dr. med. ..... in ....
erschien bei Aufruf der Sache — der Angeschuldigte — und als dessen Beistand der (Rechtsanwalt — Arzt) .... — Niemand. —

(Die Verhandlung begann mit dem Aufrufe der Zeugen und Sachverständigen.

Es meldeten sich ....

Die Zeugen entfernten sich zunächst aus dem Sitzungssaale, nachdem sie mit dem Gegenstande der Untersuchung und der Person des Angeschuldigten bekannt gemacht und auf die Bedeutung des Eides hingewiesen waren.)

Es wurde der Beschluß über die Eröffnung der Voruntersuchung verlesen, worauf der ernannte Berichterstatter eine Darstellung der Sache gab, wie sie aus den bisherigen Verhandlungen hervorgeht.

Hierauf wurde der Angeschuldigte vernommen.

Er machte über seine persönlichen Verhältnisse folgende Angaben ......

Auf die Beschuldigung erklärte er: ......

(Die Zeugen wurden hierauf einzeln vorgerufen und in Abwesenheit der später abzuhörenden wie folgt vernommen: ....

Nach der Vernehmung wurden die Zeugen beeidigt.)

— Auf Antrag des Vertreters der Anklage — des Angeschuldigten —
— Zufolge Beschlusses des Ehrengerichts —
wurden die Aussagen der nicht geladenen, bereits in der Voruntersuchung — durch einen ersuchten Richter vernommenen Zeugen — Sachverständigen —... verlesen.

Zum Schlusse wurden der Vertreter der Anklage sowie der Angeschuldigte — und sein Vertheidiger — mit ihren Ausführungen und Anträgen gehört.

Der Vertreter der Anklage beantragte ....

Der Angeschuldigte beantragte ....

Der Angeschuldigte hatte das letzte Wort.

Es wurde die Entscheidung durch Verlesung der Entscheidungsformel und unter mündlicher Mittheilung des wesentlichen Inhalts der Entscheidungsgründe dahin verkündet: .... — vgl. Nr. 11. —

Dr. S.... (Vorsitzender.)	P.... (Protokollführer.)

11. Entscheidung (§ 37 des Ges., § 13 der Gesch.O.).

In dem ehrengerichtlichen Verfahren
gegen
den Arzt Dr. med. .... in .....
wegen ehrengerichtlich strafbarer Pflichtverletzung
hat das ärztliche Ehrengericht für die Provinz ...
in seiner Sitzung vom ..... zu M.....,
an welcher Theil genommen haben

Geh. Sanitätsrath Dr. S....
als Vorsitzender,

Sanitätsrath Dr. H....
Sanitätsrath Dr. F....
Dr. med. B.... } Mitglieder der Aerztekammer,

Amtsgerichtsrath R.... richterliches Mitglied,
als beisitzende Richter,

Regierungsrath T....
als Vertreter der Anklage,

Regierungssekretär P....
als Protokollführer,

für Recht erkannt:

Der Angeschuldigte wird der Verletzung der ihm als Arzt obliegenden Pflichten schuldig erklärt und deshalb zu (Strafe!) und zur Erstattung der Kosten verurtheilt.

oder:

Der Angeschuldigte wird von der Anschuldigung der Verletzung der ihm als Arzt obliegenden Pflichten freigesprochen. Die Kosten des Verfahrens fallen der Kasse der Aerztekammer für die Provinz ... zur Last.

Thatbestand und Entscheidungsgründe.

Gegen den Angeschuldigten ist durch Beschluß des ärztlichen Ehrengerichts vom ..... in Gemäßheit der §§ 3, 8, 19, 20ff. des Gesetzes vom 25. Nov. 1899 das förmliche ehrengerichtliche Verfahren eröffnet. In dem Beschlusse wird ihm zur Last gelegt ...

Auf Grund der Thatsachen, die in der hiernach gegen ihn geführten Voruntersuchung ermittelt sind, ist der Angeschuldigte in der Anklageschrift des Vertreters der Anklage vom ..... angeschuldigt .....

(In der vor dem Ehrengericht anberaumten Hauptverhandlung ist der Angeschuldigte (Vertheidiger) [nicht] erschienen. Der Beschluß über die Eröffnung der Voruntersuchung ist verlesen, worauf der ernannte Berichterstatter (in Abwesenheit der Zeugen) eine Darstellung der Sache gegeben hat, wie sie aus den bis dahin geführten Verhandlungen hervorgeht. (Darauf ist der Angeklagte — und sodann die geladenen Zeugen vernommen.) Die Aussagen der nicht geladenen, bereits in der Voruntersuchung — durch einen ersuchten Richter — vernommenen Zeugen (und Sachverständigen) sind — auf Antrag des Vertreters der Anklage — des Angeschuldigten — dem Beschlusse des Ehrengerichts gemäß verlesen. Zum Schlusse der Hauptverhandlung sind der Vertreter der Anklage sowie der Angeschuldigte — und sein Vertheidiger — mit ihren Ausführungen und Anträgen gehört. Der Vertreter der Anklage hat beantragt .....; der Angeschuldigte dagegen hat beantragt ..... Der Angeschuldigte hat das letzte Wort gehabt.)

Auf Grund der Verhandlung und des gesammten Ergebnisses der Beweisaufnahme erachtet das Ehrengericht folgenden Thatbestand für erwiesen: .....

Auf Grund dieses für erwiesen erachteten Thatbestandes ist festgestellt, daß der Angeschuldigte — seine Berufsthätigkeit nicht gewissenhaft ausgeübt hat — durch sein Verhalten in Ausübung des Berufs (sowie außerhalb desselben) sich der Achtung nicht würdig gezeigt hat, die sein Beruf erfordert. —

Denn (Begründung!) 2c. 2c. 2c.

Hiernach hat der Angeschuldigte die ihm als Arzt obliegenden Pflichten verletzt und daher die ehrengerichtliche Bestrafung verwirkt (§ 3 des Ges. v. 25. November 1899).

Bei der Festsetzung der Art und des Maßes der Strafe ging das Ehrengericht von folgenden Erwägungen aus: 2c. 2c. 2c.

Die Entscheidung über die Kosten beruht auf § 46 des Ges. v. 25 Nov. 1899.

Unterschriften des Vorsitzenden
und der Beisitzer.

Anhang.

I. Verordnung, betreffend die Einrichtung einer ärztlichen Standesvertretung, vom 25. Mai 1887 (G.S. S. 169), nebst den abändernden Verordnungen vom 21. Juli 1892 (G.S. S. 222), 20. Mai 1898 (G.S. S. 115) und 23. Januar 1899 (G.S. S. 17).*)

§. 1. Für jede Provinz ist eine Aerztekammer zu errichten. Der Bezirk der Aerztekammer der Provinz Brandenburg hat zugleich den Stadtkreis Berlin, der Bezirk der Aerztekammer der Rheinprovinz zugleich die Hohenzollernschen Lande zu umfassen.

Die Kammern erhalten ihren Sitz am Amtssitz des Oberpräsidenten, die Kammer der Provinz Brandenburg und des Stadtkreises Berlin erhält ihren Sitz in Berlin.

§. 2. Der Geschäftskreis der Aerztekammern umfaßt die Erörterung aller Fragen und Angelegenheiten, welche den ärztlichen Beruf oder das Interesse der öffentlichen Gesundheitspflege betreffen, oder auf

*) Die Aenderungen sind durch Sperrdruck kenntlich gemacht. — Die nur die erstmalige Wahl ꝛc. betreffenden Bestimmungen sind fortgelassen.

die Wahrnehmung und Vertretung der ärztlichen Standesinteressen gerichtet sind.

Die Aerztekammern sind befugt, innerhalb ihres Geschäftskreises Vorstellungen und Anträge an die Staatsbehörden zu richten, und sollen die letzteren geeignetenfalls, insbesondere auf dem Gebiete der öffentlichen Gesundheitspflege, den Aerztekammern Gelegenheit geben, sich über einschlägige Fragen gutachtlich zu äußern.

§. 3. (Fassung der Verordnung vom 21. Juli 1892.) Zu den Sitzungen der Provinzial-Medizinal-Kollegien und der Wissenschaftlichen Deputation für das Medizinalwesen, in denen allgemeine Fragen oder besonders wichtige Gegenstände der öffentlichen Gesundheitspflege zur Berathung stehen, oder in denen über Anträge von Aerztekammern beschlossen wird, sind Vertreter der Aerztekammern als außerordentliche Mitglieder mit voller Stimme zuzuziehen.

Jede Aerztekammer hat als Vertreter im Provinzal-Medizinal-Kollegium zwei, als Vertreter in der Wissenschaftlichen Deputation für das Medizinalwesen eins ihrer Mitglieder und für jedes gewählte Mitglied einen Stellvertreter zu wählen. Ob der Fall der Einberufung dieser Vertreter zu einer Sitzung vorliegt, bestimmt bei dem Provinzial-Medizinal-Kollegium dessen Vorsitzender, bei der Wissenschaftlichen Deputation für das Medizinalwesen der Minister der Medizinalangelegenheiten.

§. 4. (Fassung der Verordnung vom 23. Januar 1899.) Die Mitglieder der Aerztekammern werden gewählt. Die Wahl erfolgt innerhalb des Bezirks der Kammer getrennt nach Regierungsbezirken (Wahlbezirken). Der Stadtkreis Berlin bildet einen eigenen Wahlbezirk.

Nicht wahlberechtigt und nicht wählbar sind

1. die Militär- und Marineärzte;
2. die Militär- und Marineärzte des Beurlaubtenstandes für die Dauer ihrer Einziehung zur Dienstleistung.

Wahlberechtigt und wählbar sind dagegen alle übrigen Aerzte, welche innerhalb des Wahlbezirks ihren Wohnsitz haben, Angehörige des Deutschen Reichs sind und sich im Besitze der bürgerlichen Ehrenrechte befinden.

Das Wahlrecht und die Wählbarkeit der im vorhergehenden Absatz bezeichneten Aerzte gehen verloren, sobald eines der aufgeführten Erfordernisse bei dem bis dahin Wahlberechtigten nicht mehr zutrifft. Sie ruhen während der Dauer eines Konkurses, während der Dauer des Verfahrens auf Zurücknahme der ärztlichen Approbation und während der Dauer einer gerichtlichen Untersuchung, wenn dieselbe wegen Verbrechen oder wegen solcher Vergehen, welche den Verlust der bürgerlichen Ehrenrechte nach sich ziehen müssen oder können, eingeleitet, oder wenn die gerichtliche Haft verfügt ist.

§. 5. (Aufgehoben — vgl. Einleitung S. 9, 10.)

§. 6. Die Wahlen finden alle drei Jahre im November statt. Der dreijährige Zeitraum, für welchen die Mitglieder gewählt werden, beginnt mit dem Anfang des nächstfolgenden Jahres.

Vor jeder Wahl ist für jeden Wahlbezirk von dem Vorstande der Aerztekammer eine Liste der Wahlberechtigten aufzustellen. Dieselbe ist in jedem Kreise (Oberamtsbezirke) im Laufe des der Wahl vorhergehenden Monats Juni vierzehn Tage öffentlich auszulegen, nachdem die Zeit und der Ort der Auslegung vorher öffentlich bekannt gemacht sind.

Einwendungen gegen die Liste sind unter Beifügung der erforderlichen Bescheinigungen innerhalb vierzehn Tagen nach beendigter Auslegung der Liste bei dem Vorstande der Aerztekammer anzubringen. Gegen die hierauf ergehende Entscheidung findet innerhalb vierzehn Tagen Beschwerde an den Oberpräsidenten statt, welcher endgültig entscheidet.

§. 7. Zu wählen sind für jede Aerztekammer auf je 50 Wahlberechtigte ein Mitglied und ein Stellvertreter, mindestens aber je zwölf Mitglieder und Stellvertreter. Wieviele Mitglieder und Stellvertreter hiernach auf jeden Wahlbezirk entfallen, wird von dem Oberpräsidenten auf Einreichung der Liste der Wahlberechtigten bestimmt und ist bei Veröffentlichung des Wahltermins bekannt zu machen.

Die Festsetzung und Ausschreibung des Wahltermins geschieht durch den Vorstand der Aerzte-

8*

kammer. Die Wahl erfolgt schriftlich durch Einsendung des Stimmzettels an den Vorstand der Aerztekammer. Jeder Stimmzettel muß Namen, Stand und Wohnort des Wählenden, der von ihm gewählten Mitglieder und der von ihm gewählten Stellvertreter enthalten und rechtzeitig bis zu dem bekannt gemachten Endtermin (Wahltermin) eingereicht werden.

Ungültig sind: 1. Stimmzettel, welche die Person des Wählenden nicht erkennen lassen oder von einer nicht wahlberechtigten Person ausgestellt sind, — 2. Stimmzettel, welche keinen oder keinen lesbaren Namen enthalten, — 3. Stimmzettel, auf welchen mehr Namen als zu wählende Personen verzeichnet sind, — 4. Stimmzettel, welche einen Protest oder Vorbehalt enthalten, — 5. Stimmzettel, insoweit dieselben die Person des Gewählten nicht unzweifelhaft erkennen lassen, oder den Namen einer nicht wählbaren Person bezeichnen, oder der Angabe entbehren, ob der Betreffende als Mitglied oder als Stellvertreter gewählt worden ist.

Gewählt sind diejenigen, welche die meisten Stimmen auf sich vereinigen. Bei Stimmengleichheit entscheidet erforderlichenfalls das Loos. Das Ergebniß der Wahl ist von dem Vorstande der Aerztekammer innerhalb acht Tagen nach Ablauf des Wahltermins festzustellen und den Gewählten bezüglich der auf sie gefallenen Wahl mit der Aufforderung bekannt zu geben, sich über die Annahme oder Ablehnung innerhalb acht Tagen zu erklären.

Wer diese Erklärung nicht abgiebt, wird als ablehnend betrachtet und tritt an seine Stelle derjenige, welcher die nächstmeisten Stimmen erhalten hat. Das Ergebniß der Wahl ist dem Oberpräsidenten anzuzeigen, welcher dasselbe für den ganzen Bezirk der Aerztekammer bekannt macht. Jede Wahl verliert ihre Wirkung mit dem gänzlichen oder zeitweisen Aufhören einer der für die Wählbarkeit vorgeschriebenen Bedingungen.

Der Vorstand der Aerztekammer hat darüber zu befinden, ob einer dieser Fälle eingetreten ist.

Eine Ersatzwahl ist nur dann anzuordnen, wenn einschließlich der für die Ausgeschiedenen einberufenen Stellvertreter die Zahl der Mitglieder der Aerztekammer weniger als zwölf beträgt.

Die Mitglieder der Aerztekammer verwalten ihr Amt als ein Ehrenamt.

§. 8. In dem auf die Wahl folgenden Monat Januar sind die Mitglieder der Aerztekammer von dem Oberpräsidenten behufs Wahl des Vorstandes zusammenzuberufen.

Mitglieder, welche am Erscheinen behindert sind, haben hiervon behufs Einladung der Stellvertreter rechtzeitig Anzeige zu machen.

Die in jedem Wahlbezirk gewählten Stellvertreter werden in der Reihenfolge einberufen, in welcher sie der Stimmenzahl nach gewählt sind. Bei Stimmengleichheit entscheidet das Loos.

In der Wahlversammlung führt der Oberpräsident oder dessen Stellvertreter den Vorsitz.

Der Vorstand ist für die Dauer der Wahlperiode (vgl. aber jetzt Art. II der Verordnung vom 6. Januar 1896 — Anh. II) der Aerztekammer zu wählen und hat aus einem Vorsitzenden und mindestens vier Mitgliedern zu bestehen.

Die Aerztekammer beschließt mit dieser Maßgabe nach absoluter Stimmenmehrheit, wie viele Vorstandsmitglieder und ob für dieselben Stellvertreter zu wählen sind.

Die Wahl erfolgt in geheimer Abstimmung durch Stimmzettel in besonderen Wahlgängen.

Der Vorsitzende wird zuerst gewählt.

Ungültige Stimmzettel (§. 7) werden als nicht abgegeben betrachtet. Ueber die Gültigkeit entscheidet die Aerztekammer.

Als gewählt sind diejenigen zu betrachten, welche die absolute Stimmenmehrheit erhalten haben. Ergiebt sich keine absolute Stimmenmehrheit, so wird zu einer engeren Wahl zwischen denjenigen zwei Personen geschritten, welche die meisten Stimmen erhalten haben. Bei Stimmengleichheit entscheidet das von dem Vorsitzenden zu ziehende Loos darüber, wer auf die engere Wahl zu bringen, beziehungsweise wer als schließlich gewählt zu betrachten ist. Die Gewählten haben sich über die Annahme der Wahl, sofern sie anwesend sind, sofort, anderenfalls nach Mittheilung der auf sie gefallenen Wahl durch den Oberpräsidenten binnen acht Tagen zu erklären.

Wer diese Erklärung nicht abgiebt, wird als ablehnend betrachtet.

Die vorstehenden Wahlvorschriften sind auch für die Wahlen der Vertreter der Aerztekammer in dem Provinzial-Medizinal-Kollegium und in der Wissenschaftlichen Deputation für das Medizinalwesen mit der Maßgabe zur Anwendung zu bringen, daß zur Beschlußfähigkeit der Aerztekammer die Theilnahme von zwei Dritteln der Mitglieder, beziehungsweise deren Stellvertreter erforderlich ist, daß die Mittheilung von der Wahl durch den Vorsitzenden der Aerztekammer erfolgt, und daß von dem Ergebniß der Wahl unter Vorlegung des Wahlprotokolls binnen vierzehn Tagen nach erfolgter Wahl Anzeige an den Oberpräsidenten zu erstatten ist.

§. 9. Der Vorstand der Aerztekammer vertritt dieselbe nach außen und vermittelt den Verkehr derselben mit den Staatsbehörden.

Der Vorstand faßt seine Beschlüsse nach absoluter Stimmenmehrheit. Bei Stimmengleichheit entscheidet die Stimme des Vorsitzenden.

Zur Beschlußfähigkeit des Vorstandes ist die Theilnahme der Mehrheit der Mitglieder erforderlich. Die Beschlüsse des Vorstandes können mittelst schriftlicher Abstimmung gefaßt werden, sofern nicht ein Mitglied mündliche Abstimmung verlangt.

§. 10. Der Vorsitzende hat den Verkehr der Aerztekammer und des Vorstandes zu vermitteln und die Beschlüsse derselben zur Ausführung zu bringen.

Der Vorsitzende beruft die Versammlungen der Aerztekammer und des Vorstandes und leitet in beiden die Verhandlungen. Die Berufung der Aerztekammer muß erfolgen, wenn die Hälfte der Mitglieder derselben unter Angabe des zu verhandelnden Gegenstandes schriftlich darauf anträgt, oder der Vorstand dieselbe beschließt.

Die Berufung des Vorstandes muß erfolgen, wenn in gleicher Weise zwei Vorstandsmitglieder dieselbe beantragen.

Die Berufung des Vorstandes und der Aerztekammer erfolgt mittelst schriftlicher Einladung, welche spätestens acht Tage vor der Versammlung eingeschrieben zur Post zu geben ist.

Bei der Berufung der Aerztekammer muß der Gegenstand, über welchen in der Versammlung ein Beschluß gefaßt werden soll, bezeichnet werden. Ueber andere Gegenstände, mit Ausnahme des Antrags auf abermalige Berufung der Aerztekammer, darf ein Beschluß nicht gefaßt werden.

Hinsichtlich der Theilnahme der Stellvertreter an den Sitzungen der Aerztekammer finden die Vorschriften des §. 8 Abs. 2 und 3 Anwendung.

Im Uebrigen regelt die Aerztekammer ihre Geschäftsordnung selbständig.

§. 11. (Fassung der Verordnung vom 20. Mai

1898.) Den zu den Sitzungen der Provinzial-Medizinal-Kollegien und der Wissenschaftlichen Deputation für das Medizinalwesen von auswärts einberufenen Vertretern der Aerztekammern sind Tagegelder und Reisekosten aus der Staatskasse zu gewähren.

An Tagegeldern erhalten dieselben:

1. für die Theilnahme an den Berathungen der Wissenschaftlichen Deputation für das Medizinalwesen 18 Mark,
2. für die Theilnahme an den Sitzungen der Provinzial-Medizinal-Kollegien 15 Mark.

An Reisekosten sind ihnen die den Beamten der vierten Rangklasse zustehenden Sätze zu gewähren.

§. 12. Kosten: vgl. jetzt § 49 des Gesetzes betr. die ärztlichen Ehrengerichte 2c.

§. 13. Die allgemeine Staatsaufsicht über die Aerztekammer und deren Vorstand wird durch den Oberpräsidenten geführt.

§. 14. Diese Verordnung ist durch die Gesetz-Sammlung zu veröffentlichen.

II. Verordnung wegen Ergänzung der Verordnung vom 25. Mai 1887, betreffend die Einrichtung einer ärztlichen Standesvertretung vom 6. Januar 1896. (G.S. S. 1.)

Artikel I. Vom Aerztekammer-Ausschuß.

§. 1. Der Aerztekammer-Ausschuß wird aus Delegirten der Aerztekammern gebildet. Jede Aerztekammer wählt in den Ausschuß einen Delegirten. Für den letzteren wird zugleich ein Stellvertreter gewählt.

Der Aerztekammer-Ausschuß hat seinen Sitz in Berlin.

Die Mitglieder des Ausschusses verwalten ihr Amt als ein Ehrenamt.

§. 2. Der Aerztekammer-Ausschuß hat die Aufgabe, innerhalb der den Aerztekammern zugewiesenen Zuständigkeit eine vermittelnde Thätigkeit auszuüben, und zwar sowohl zwischen dem Minister der Medizinal-Angelegenheiten und den Aerztekammern, als auch zwischen diesen untereinander.

Insbesondere liegt demselben ob:

1. die Vorberathung der von dem Minister ihm überwiesenen Vorlagen; zu diesem Zweck hat er die Vorlagen den Aerztekammern zur Berathung und Beschlußfassung mitzutheilen, die Ergebnisse der Berathung und die Beschlüsse der Aerztekammern zusammenzustellen und unter Beifügung der Beschlüsse und der ihnen zu Grunde liegenden Verhandlungen an den Minister gutachtlich zu berichten;
2. die Vorberathung der von einzelnen Aerztekammern oder von den Mitgliedern des Aerztekammer-Ausschusses an ihn gerichteten Anträge; zu diesem Zweck hat er die Anträge den Aerztekammern zur Berathung und

Beschlußfassung mitzutheilen, nach den Ergebnissen der Berathung die Anträge im Sinne der Mehrheit der gefaßten Beschlüsse zu erledigen und hiervon die Aerztekammern zu benachrichtigen.

Die Zuständigkeit der Aerztekammern wird durch den Aerztekammer-Ausschuß nicht beschränkt.

§. 3. Die Mitglieder des Aerztekammer-Ausschusses und deren Stellvertreter werden für die Dauer der Wahlperiode der Aerztekammern gewählt. Die Wahl derselben erfolgt unter sinngemäßer Anwendung der für die Wahl des Vorstandes der Aerztekammer gegebenen Vorschriften in der im §. 8 Absatz 1 der Verordnung vom 25. Mai 1887 — Anhang I — bezeichneten Wahlversammlung. — —

Der Aerztekammer-Ausschuß führt auch nach Ablauf der Wahlperiode bis zur Konstituirung des neuen Ausschusses die Geschäfte einstweilen weiter.

§. 4. Der Aerztekammer-Ausschuß wählt aus seiner Mitte einen Vorsitzenden und einen Stellvertreter. — —

Der Vorsitzende hat den Verkehr des Ausschusses nach Außen zu vermitteln und für die Ausführung der Beschlüsse desselben Sorge zu tragen.

Der Vorsitzende beruft, so oft es die Lage der Geschäfte erfordert, jährlich jedoch in der Regel wenigstens einmal die Mitglieder zu Sitzungen und leitet in denselben die Verhandlungen.

Die Berufung erfolgt mittelst schriftlicher Einladung, welche die Gegenstände der Tagesordnung enthalten muß und spätestens vierzehn Tage vor der Sitzung eingeschrieben zur Post zu geben ist.

Mitglieder, welche am Erscheinen behindert sind, haben hiervon behufs Einladung der Stellvertreter dem Vorsitzenden rechtzeitig Anzeige zu machen.

Der Vorsitzende hat binnen vierzehn Tagen nach erfolgter Konstituirung des Ausschusses hiervon unter Einreichung eines Verzeichnisses der Mitglieder und ihrer Stellvertreter dem Minister der Medizinalangelegenheiten Anzeige zu erstatten.

§. 5. Der Aerztekammer-Ausschuß beschließt nach absoluter Stimmenmehrheit. Stimmengleichheit gilt als Ablehnung.

Zur Beschlußfähigkeit des Ausschusses ist die Theilnahme der Mehrheit der Mitglieder erforderlich. Die Beschlüsse des Ausschusses können mittelst schriftlicher Abstimmung gefaßt werden, sofern nicht ein Mitglied mündliche Abstimmung verlangt.

Im Uebrigen regelt der Ausschuß seine Geschäftsordnung selbständig.

§. 6. Den Aerztekammern bleibt es überlassen, die für den Aerztekammer-Ausschuß erforderlichen Mittel bereit zu stellen — vgl. jetzt §. 50 Abs. 3 Nr. 3 des Gesetzes, betr. die ärztlichen Ehrengerichte rc. —

§. 7. Die allgemeine Staatsaufsicht über den Aerztekammer-Ausschuß wird durch den Minister der Medizinalangelegenheiten geführt.

Artikel II.

Die Vorschrift im §. 8 Abs. 5 der Verordnung vom 25. Mai 1887, wonach der Vorstand der Aerztekammer für die Dauer der Wahlperiode der letzteren zu wählen ist, wird dahin erweitert, daß der Vorstand auch nach Ablauf der Wahlperiode die Geschäfte bis zur Konstituirung des neuen Vorstandes einstweilen weiterzuführen hat.

Artikel III.

Diese Verordnung ist durch die Gesetz-Sammlung zu veröffentlichen.

Sachregister.

(Die Zahlen bezeichnen die Seiten.)

A.

B.

C.

D.

E.

F.

G.

Herrosé & Ziemsen, Wittenberg.

Verzeichniß

der

Guttentag'schen Sammlung

Deutscher Reichsgesetze

und

Preußischer Gesetze.

Text-Ausgaben mit Anmerkungen und Sachregister.

Taschenformat.

Berlin.
J. Guttentag, Verlagsbuchhandlung,
G. m. b. H.

4. **Handelsgesetzbuch vom 10. Mai 1897 unter Ausschluß des Seerechts. Mit den ergänzenden Vorschriften des Bürgerlichen Gesetzbuchs und Erläuterungen herausgegeben von F. Litthauer,** Justizrath. Zwölfte Auflage. Geb. in ganz Leinen 2 M. 80 Pf.

5. Allgemeine Deutsche **Wechselordnung.** Siebente Auflage von Dr. **E. Ball,** Rechtsanwalt, und das Reichsgesetz über die **Wechselstempelsteuer.** Sechste Auflage von Reg.-Assessor **P. Loeck.** 1897. 2 M.
Neue Auflage in Vorbereitung.

6. **Gewerbeordnung** für das Deutsche Reich in der Fassung der Bekanntmachung vom 26. Juli 1900 nebst Ausführungsbestimmungen. Von **T. Ph. Berger,** fortgeführt von Dr. **Wilhelmi,** Geh. Ober-Regierungsrath. Sechszehnte vermehrte Auflage. In Vorbereitung.

7. Die deutsche **Post- und Telegraphen-Gesetzgebung.** Nebst dem Weltpostvertrag und dem internationalen Telegraphenvertrag. Von Dr. **P. D. Fischer,** Unterstaatssekretär im Reichs-Postamt. Vierte Auflage. 1895. 2 M. 60 Pf.

8. Die Reichsgesetze über den **Unterstützungswohnsitz** in der Fassung der Novelle vom 12. März 1894, die **Freizügigkeit,** den **Erwerb** und **Verlust** der

Bundes- und Staatsangehörigkeit, nebst allen landesgesetzlichen Bestimmungen. Von Geheimrath Dr. J. **Krech**, Mitglied des Bundesamtes für das Heimathwesen. Vierte Auflage. 2 M. 25 Pf.

9a. Sammlung **kleinerer privatrechtlicher Reichsgesetze.** Von F. **Vierhaus**, Geh. Ober-Justizrath. Zweite Auflage in Vorbereitung.

9b. Sammlung **kleinerer strafrechtlicher Reichsgesetze.** Von M. **Werner**, Geh. Ober-Regierungsrath. Zweite Auflage in Vorbereitung.

10. Das **Reichsbeamtengesetz** vom 31. März 1873 und seine Ergänzungen. Erläutert von J. **Pieper**, Geh. Ober-Regierungsrath. Zweite Auflage. Geb. in ganz Leinen ca. 4 M. 50 Pf.

11. **Civilprozeßordnung** mit **Gerichtsverfassungsgesetz**, Einführungsgesetzen und Ergänzungen. In der Fassung des Gesetzes vom 17. Mai 1898. Unter besonderer Berücksichtigung der Entscheidungen des Reichsgerichts herausgegeben mit Anmerkungen von R. **Sydow**, Direktor im Reichs-Postamt und L. **Busch**, Kammergerichtsrath. Neunte Auflage. 8°. Geb. in ganz Leinen 5 M.

Dieser Band ist in größerem Format erschienen!

12. **Strafprozeßordnung und Gerichtsverfassungsgesetz** in der vom 1. Januar 1900 ab geltenden Fassung, nebst dem **Gesetz, betreffend die Entschädigung der im Wiederaufnahmeverfahren freigesprochenen Personen.** Von **A. Hellweg**, Reichsgerichtsrath. Elfte Auflage. Geb. in ganz Leinen 2 M.

13. **Konkursordnung und Anfechtungsgesetz** mit Einführungs- und Nebengesetzen. In der Fassung der Gesetze vom 17. Mai 1898. Unter besonderer Berücksichtigung der Entscheidungen des Reichsgerichts herausgegeben mit Anmerkungen von **R. Sydow**, Direktor im Reichs-Postamt und **L. Busch**, Kammergerichtsrath. Achte Auflage. Geb. in ganz Leinen 1 M. 80 Pf.

14. **Gerichtsverfassungsgesetz** mit Einführungsgesetz, Nebengesetzen und Ergänzungen. In der Fassung des Gesetzes vom 17. Mai 1898. Unter Berücksichtigung der Entscheidungen des Reichsgerichts herausgegeben von **R. Sydow**, Direktor im Reichs-Postamt und **L. Busch**, Kammergerichtsrath. Achte Auflage. 1 M. 20 Pf.

15. **Das deutsche Gerichtskostengesetz nebst den Gebührenordnungen für Gerichtsvollzieher, Zeugen und Sachverständige.** In der Fassung vom 20. Mai 1898. Unter besonderer Berücksichtigung der Entscheidungen

des Reichsgerichtes herausgegeben mit Anmerkungen und Kostentabellen von **R. Sydow**, Direktor im Reichs-Postamt und **L. Busch**, Kammergerichtsrath. Sechste vermehrte Auflage. Geb. in ganz Leinen 1 M. 50 Pf.

16. **Rechtsanwaltsordnung.** Von **R. Sydow**, Direktor im Reichspostamt. Vierte Auflage von Dr. **E. Mosler**, Gerichtsassessor. Geb. in ganz Leinen 1 M. 20 Pf.

17. Die **Deutsche Gebührenordnung für Rechtsanwälte und das Preußische Gebührengesetz** vom 27. September/6. Oktober 1899. Von **R. Sydow**, Direktor im Reichs-Postamt und **L. Busch**, Kammergerichtsrath. Sechste Auflage. Geb. in ganz Leinen 1 M. 50 Pf.

18. **Reichsstempelgesetz (Börsensteuergesetz)** v. 14. Juni 1900, mit den Ausführungsbestimmungen, einem Auszug aus den Gesetzes-Materialien und den Entscheidungen der Verwaltungsbehörden und des Reichsgerichts. Achte Auflage von **P. Loeck**, Regierungsrath. Geb. in ganz Leinen 3 M. 30 Pf.

19. Die **Seegesetzgebung** des Deutschen Reiches. Nebst den Entscheidungen des Reichsoberhandelsgerichts, des Reichsgerichts und der Seeämter. Von Dr. **W. E. Knitschky**, Landgerichtsrath. Zweite Auflage. 3 M. 80 Pf.

20. **Krankenversicherungsgesetz** in der Fassung der Novelle vom 10. April 1892. Von Dr. **E. von Woedtke,** Direktor im Reichsamt des Innern. Achte Auflage. Geb. in ganz Leinen. 2 M. 25 Pf.

21. Die **Konsulargesetzgebung** des Deutschen Reiches. Von Geh. Justizrath Professor Dr. **Ph. Zorn.** Zweite Auflage. Geb. in ganz Leinen 3 M.

22a. **Patentgesetz. Gesetz, betreffend den Schutz von Gebrauchsmustern. Gesetz, betreffend das Urheberrecht an Mustern und Modellen.** Nebst Ausführungsbestimmungen unter eingehender Berücksichtigung der Rechtsprechung des Reichsgerichts und der Praxis des Patentamts. Erläutert von Dr. **R. Stephan,** Geheimer Regierungsrath, Mitglied des Kaiserlichen Patentamts. Fünfte vermehrte Auflage. Geb. in ganz Leinen 2 M.

22b. **Gesetz zum Schutz der Waarenbezeichnungen.** Nebst Ausführungsbestimmungen. Von Dr. **R. Stephan,** Geheimer Regierungsrath, Mitglied des Kaiserlichen Patentamts. Vierte vermehrte Auflage. 1 M.

23. **Gewerbe-Unfallversicherungsgesetz** und Gesetz, betr. die Abänderung der Unfallversicherungsgesetze vom 30. Juni 1900 in der Fassung der Bekanntmachung vom 5. Juli 1900 nebst Ausführungsverordnungen. Von Dr. **E. v. Woedtke,** Direktor im Reichsamt des Innern. Siebente umgearbeitete Auflage. Geb. in ganz Leinen 2 M. 50 Pf.

24. **Aktiengesellschaft und Kommanditgesellschaften auf Aktien.** (Handelsgesetzbuch, II. Buch, Abschnitt 3 und 4.) Mit erläuternden Anmerkungen von **H. Keyssner,** Kammergerichtsrath und Dr. **H. Veit Simon,** Rechtsanwalt. Fünfte Auflage. Bearbeitet von Dr. **Hugo Keyssner** u. **L. Keyssner.** Geb. in ganz Leinen 2 M. 25 Pf.

25. Reichsgesetz wegen **Erhebung der Brausteuer** vom 31. Mai 1872 mit Ausführungsvorschriften. Von **E. Bertho,** Regierungsrath. 1885. 1 M. 60 Pf.

26. Die Reichsgesetzgebung über **Münz- und Notenbankwesen,** Papiergeld, Prämienpapiere und Reichsschulden. Von Dr. jur. **R. Koch,** Präsident des Reichsbankdirektoriums. Vierte Auflage. Geb. in ganz Leinen 3 M.

27. Die Gesetzgebung, betr. das **Gesundheitswesen** im Deutschen Reich für Behörden, Aerzte ꝛc. Von Dr. jur. **C. Goesch** und Dr. med. **J. Karsten.** 1888. 1 M. 60 Pf.

28. **Bau-Unfallversicherungsgesetz.** Vom 30. Juni 1900 in der Fassung der Bekanntmachung vom 5. Juli 1900. Von **R. Chrzescinski,** Kaiserl. Regierungsrath a. D., ehemaligem ständigen Mitglied des Reichs-Versicherungsamts. Dritte Auflage. Geb. in ganz Leinen 2 M.

29. Reichsgesetz, betr. die **Erwerbs- und Wirthschaftsgenossenschaften.** Von **L. Parisius** und Dr. **H. Crüger.** Neunte Auflage bearbeitet von Dr. **H. Crüger.** Geb. in ganz Leinen. 1 M. 50 Pf.

30. **Invalidenversicherungsgesetz** vom 13. Juli 1899, in der Fassung der Bekanntmachung vom 19. Juli 1899. Von Dr. **E. v. Woedtke,** Director im Reichsamt des Innern. Achte erweiterte Auflage. Geb. in ganz Leinen 2 M. 50 Pf.

31. Reichsgesetz, betr. die **Gewerbegerichte.** Von **L. Mugdan.** Vierte Auflage. Bearbeitet von **Cuno,** Stadtrath und stellvertretender Vorsitzender des Gewerbegerichts zu Königsberg i. Pr. 1 M. 80 Pf.

32. Reichsgesetz, betr. die **Gesellschaften mit beschränkter Haftung.** In der vom 1. Januar 1900 ab geltenden Fassung. Von **L. Parisius** und Dr. **H. Crüger.** Fünfte Auflage. 1 M.

33. Das **Vereins- und Versammlungsrecht** in Deutschland. Von Dr. **E. Ball,** Rechtsanwalt. 2 M. 25 Pf.

34. Reichsgesetz, betreffend die **Abzahlungsgeschäfte.** Vom 16. Mai 1894. Von **J. Hoffmann,** Oberverwaltungsgerichtsrath. Zweite vermehrte und verbesserte Auflage besorgt von Dr. **E. Wilke,** Landgerichtsrath. Geb. in Leinen 1 M. 20 Pf.

35. **Die Reichs-Eisenbahngesetzgebung.** Von **W. Coermann,** Kaiserl. Amtsrichter. 1895. 2 M. 25 Pf.

36. **Gesetze,** betr. die **privatrechtlichen Verhältnisse der Binnenschiffahrt und der Flößerei.** Nach den Materialien erläutert von **H. Makower.** Unter Berücksichtigung der am 1. Januar 1900 in Kraft tretenden Reichsgesetze bearbeitet von **E. Löwe,** Landgerichtsrath. Zweite veränderte Auflage. 2 M.

37. **Gesetz zur Bekämpfung des unlauteren Wettbewerbes.** Vom 27. Mai 1896. Von Dr. **R. Stephan,** Regierungsrath. Zweite Auflage. 80 Pf.

38/39. **Bürgerliches Gesetzbuch nebst Einführungsgesetz.** In Verbindung mit Professor Dr. **André,** Geh. Justizrath **Greiff,** Amtsrichter **Ritgen,** Regierungsrath Dr. **Unzner** herausgegeben von Reichsgerichtsrath Dr. **A. Achilles †,** f. Z. Kommissar des Reichs-Justizamts. Dritte vermehrte und verbesserte Auflage. 8°. Geb. in ganz Leinen 6 M.

Dieser Band ist in größerem Format erschienen!

40. **Gesetz,** betr. die **Pflichten der Kaufleute bei Aufbewahrung fremder Werthpapiere (Depotgesetz).** Vom 5. Juli 1896. Mit Erläuterungen, Einleitung und Sachregister. Von **F. Lusensky,** Geh. Regierungsrath. 90 Pf.

41. **Börsengesetz.** Vom 22. Juni 1896. Nebst den dazu erlassenen Ausführungsbestimmungen. Unter Mitwirkung des Geh. Ober-Regierungsrathes **A. Wermuth** bearbeitet von **H. Brendel,** Gerichts-Assessor, Hülfsarbeiter im Reichsamt des Innern. 1 M. 50 Pf.

42. **Grundbuchordnung** für das Deutsche Reich nebst den preußischen Ausführungsbestimmungen. Mit Einleitung von Professor Dr. **O. Fischer.** Zweite Auflage. Geb. in ganz Leinen 1 M. 80 Pf.

43. Die Gesetzgebung, betr. die **Zwangsvollstreckung in das unbewegliche Vermögen** im Reiche und in Preußen. Text-Ausgabe mit Einleitung, Anmerkungen, Kosten- und Gebührentabellen und Sachregister. Von Dr. **J. Krech,** Kaiserl. Geh. Regierungsrath und Professor Dr. **O. Fischer.** Dritte Auflage. Geb. in ganz Leinen 2 M.

44. Das Reichsgesetz über das **Auswanderungswesen** vom 9. Juni 1897 nebst Ausführungsverordnungen und Anlagen. Nach den Materialien und unter Benutzung amtlicher Quellen erläutert von Professor Dr **Felix Stoerk.** 2 M. 25 Pf.

45 **Das Entmündigungsrecht** unter Berücksichtigung der für Preußen geltenden Vorschriften nebst der preußischen Justiz-Ministerial-Verfügung vom 28. November 1899. Text der civil- und prozeßrechtlichen Bestimmungen mit Erläuterungen von Landgerichtsrath Dr. **P. Koll** in Cöln. Geb. in ganz Leinen 1 M. 50 Pf.

46. Die Gesetze des Reiches und Preußens über die **freiwillige Gerichtsbarkeit.** Mit Einleitung von **Herm. Jastrow,** Amtsgerichtsrath. Zweite, erweiterte Auflage. Geb. in ganz Leinen 2 M. 80 Pf.

47. Das **deutsche Vormundschaftsrecht** und das preuß. Gesetz über die Fürsorgeerziehung Minderjähriger vom 2. Juli 1900 nebst den dazu gehörigen preußischen Nebengesetzen und allgemeinen Verfügungen. Mit Einleitung und Erläuterungen von **Max Schultzenstein,** Oberverwaltungsgerichtsrath und Amtsgerichtsrath Dr. **Paul Köhne.** Zweite Auflage. Geb. in ganz Leinen 3 M.

48. Gesetze und Verordnungen, betreffend den **Drogen-, Gift- und Farbenhandel** außerhalb der Apotheken, unter besonderer Berücksichtigung des Königreichs Preußen. Von Dr. **Broh,** Rechtsanwalt. 1 M. 25 Pf.

49. Deutsche **Kolonialgesetzgebung.** Von Prof. Dr. **Philipp Zorn.** Geb. in ganz Leinen 4 M. 50 Pf.

50. Der **Viehkauf** (Viehgewährschaft) nach dem Bürgerlichen Gesetzbuche. Mit Erläuterungen von Dr. **Hans Stölzle,** Rechtsanwalt in Kempten. Nebst Verordnung, betr. die Hauptmängel und Gewährsfristen beim Viehhandel. Erläutert von **Heinrich Weiskopf,** Königl. Kreisthierarzt in Augsburg. Zweite Auflage. Geb. in ganz Leinen 2 M.

51. **Hypothekenbankgesetz** vom 13. Juli 1899. Von Dr. **H. Göppert,** Gerichts-Assessor. Geb. in ganz Leinen 1 M. 80 Pf.

52. Gesetz, betreffend die gemeinsamen **Rechte der Besitzer von Schuldverschreibungen.** Vom 4. Dezember 1899. Von Dr. **Heinrich Göppert,** Gerichts-Assessor. Geb. in ganz Leinen 2 M.

53. **Reichspreßgesetz** vom 7. Mai 1874 nebst den einschlägigen Bestimmungen des Strafgesetzbuchs, der Gewerbeordnung &c. Kommentar von **A. Born,** Polizeiassessor. Geb. in ganz Leinen 1 M. 50 Pf.

54. Die Reichsgesetzgebung über den Verkehr mit **Nahrungsmitteln, Genußmitteln** und **Gebrauchsgegenständen.** Von Dr. **Georg Lebbin,** Nahrungsmittelchemiker. Geb. in ganz Leinen 2 M. 25 Pf.

55. Das Recht der **Beschlagnahme von Lohn- und Gehaltsforderungen.** Auf Grundlage der Reichsgesetze vom 21. Juni 1869 u. 29. März 1897 und der Civilprozeßordnung. Von Rechtsanwalt **Georg Meyer.** Geb. in ganz Leinen 1 M. 50 Pf.

56. Gesetz, betr. die **Bekämpfung gemeingefährlicher Krankheiten.** Vom 30. Juni 1900. Nebst Ausführungsbestimmungen. Von Dr. **Bruno Burkhardt,** Regierungsrath, Mitglied des Kais. Gesundheitsamts. Geb. in ganz Leinen 1 M. 40 Pf.

57. **See-Unfallversicherungsgesetz** vom 30. Juni 1900 in der Bekanntmachung des Reichskanzlers vom 5. Juli 1900. Von **Dr. Max Mittelstein**, Oberlandesgerichtsrath in Hamburg. Geb. in ganz Leinen 2 M.

58. **Das Recht der unehelichen Kinder.** Text-Ausgabe aller einschlägigen Bestimmungen des Bürgerlichen Gesetzbuches von **Hermann Jastrow**, Amtsgerichtsrath zu Berlin. Geb. in ganz Leinen 1 M. 80 Pf.

59. Das Reichsgesetz über die **Beurkundung des Personenstandes und die Eheschließung** in der vom 1. Januar 1900 ab geltenden Fassung. Von Dr. **F. Fidler**, Amtsgerichtsrath. Geb. in ganz Leinen. 1 M. 80 Pf.

60. Gesetz, betreffend das **Urheberrecht an Werken der Literatur und der Tonkunst.** Vom 19. Juni 1901. Von **Otto Lindemann**, Gerichtsassessor. Geb. in ganz Leinen 1 M. 50 Pf.

61. Gesetz **über das Verlagsrecht.** Vom 19. Juni 1901. Von Justizrath **Ernst Heinitz**, Rechtsanwalt. Geb. in ganz Leinen 1 M. 50 Pf.

62. Gesetz über die **privaten Versicherungsunternehmungen.** Vom 12. Mai 1891. Von **H. Könige**, Oberlandesgerichtsrath in Karlsruhe. Geb. in Leinen ca. 2 M.

In Vorbereitung befinden sich:

Die privatlichen Bestimmungen des Vereinsrechts. Von **Rud. Hahn**, Rechtsanwalt.

Das Reichs-Haftpflichtgesetz. Von Dr **G. Eger**, Regierungsrath.

Guttentag'sche Sammlung

Preußischer Gesetze.

Text-Ausgaben mit Anmerkungen. Taschenformat.

---

1. Die **Verfassungs-Urkunde** für den Preußischen Staat. Mit Einleitung, vollständigem Kommentar und Anlagen von Prof. Dr. **Adolf Arndt.** Vierte, gänzlich umgearbeitete und verbesserte Auflage. Geb. in ganz Leinen 2 M. 50 Pf.

2. Preußische **Beamten-Gesetzgebung.** Enthaltend die wichtigsten Beamtengesetze in Preußen. Von **C. Pfafferoth.** Dritte Auflage. 1 M. 50 Pf.

3. Die Preuß. Gesetzgebung, betr. die **Zwangsvollstreckung in das unbewegliche Vermögen.** Von Dr. **J. Krech,** Kais. Geh. Regierungs-Rath und Prof. Dr. **O. Fischer.** Dritte Auflage. Vergriffen.

   Siehe: Reichsgesetze Nr. 43.

4. **Gebührenordnung** für **Notare** vom 25. Juni 1895 in der Fassung der Bekanntmachung vom 6. Oktober 1899 nebst den einschlägigen Vorschriften des Preußischen Gerichtskostengesetzes. Von **R. Sydow,** Direktor im Reichs-Postamt. Zweite Auflage bearbeitet von Dr. **E. Mosler,** Gerichtsassessor. Geb. in ganz Leinen. 1 M. 50 Pf.

5. Gesetz **vom 24. April 1854 (betr. die außereheliche Schwängerung)** und die daneben geltenden Bestimmungen des Allgemeinen Landrechts nebst

den dazu ergangenen Präjudikaten. Von Dr. **Schulze.** 75 Pf. Seit dem 1. Januar 1900 gültiges Recht siehe Reichsgesetze: Nr. 58.

6. Die Preuß. **Ausführungsgesetze und Verordnungen zu den Reichs-Justizgesetzen.** Von **R. Sydow.** Dritte vermehrte Auflage. 1895. 2 M. 40 Pf. Siehe Seite 8.

7. **Allg. Gerichtsordnung** vom 6. Juli 1793 und Preuß. **Konkursordnung** vom 8. Mai 1885. Von **F. Vierhaus,** Geh. Ober-Justizrath. **Vergriffen.**

8. **Vormundschaftsordnung** vom 5. Juli 1875, nebst allen Nebengesetzen und den dazu erlassenen Allgemeinen Verfügungen. Von Oberverwaltungsgerichtsrath **Schultzenstein.** Dritte Auflage. 1 M. 50 Pf. Seit dem 1. Januar 1900 gültiges Recht siehe: Reichsgesetze Nr. 47.

9. Die Preußische **Grundbuchgesetzgebung.** Mit Einleitung, Formularen, Kosten- und Stempeltabellen. Von Prof. Dr. **Fischer.** Dritte Auflage. Vergriffen. Siehe: Reichsgesetze Nr. 42.

10. **Einkommensteuergesetz.** Vom 24. Juni 1891. Von Geheimrath **Meitzen.** Vierte vermehrte Auflage von **A. Fernow,** Ober-Regierungsrath. 1 M. 50 Pf.

11. **Gewerbesteuergesetz.** Vom 24. Juni 1891. Von **A. Fernow,** Ober-Regierungsrath. Dritte vermehrte Auflage. 1 M. 25 Pf.

12. **Allgemeines Berggesetz** für die preußischen Staaten. Vom 24. Juni 1865, und die auf dasselbe bezüglichen Gesetze und Verordnungen. Von **E. Engels**, Ober-Bergrath. Dritte Auflage In Vorbereitung.

13. **Ergänzungssteuergesetz** (Vermögenssteuergesetz). Vom 14. Juli 1893. Von **A. Fernow**, Ober-Regierungsrath. Zweite vermehrte Auflage. 1 M.

14. **Kommunalabgabengesetz.** Vom 14. Juli 1893 und Gesetz wegen Aufhebung direkter Staatssteuern. Vom 14. Juli 1893. Von **F. Adickes**, Oberbürgermeister. Zweite Auflage. 1 M. 25 Pf

15. Die **Kreisordnungen** für den Preußischen Staat. Von **O. Kolisch**, Landgerichtsrath. 1894. 4 M.

16. **Concessionirung gewerblicher Anlagen.** Preuß. Ausführungs-Anweisung zu §§. 16 u. ff. der Reichs-Gewerbe-Ordnung. Von Dr. **W. von Rüdiger**, Geh. Regierungs- u. Gewerberath. Zweite Auflage. Geb. in ganz Leinen 2 M.

17. **Preußisches Gerichtskostengesetz.** Vom 25. Juni 1895. In der Fassung der Bekanntmachung vom 6. Oktober 1899. Mit Kostentabellen. Von Dr. **P. Siméon**, Landrichter. Dritte Auflage. Geb. in ganz Leinen 1 M. 80 Pf.

18. **Preußisches Stempelsteuergesetz** vom 31. Juli 1895. Mit den gesammten Ausführungsbestimmungen und vollständigen Tabellen. Von **P. Loeck,** Regierungsrath. Fünfte Auflage. Geb. in ganz Leinen 5 M.

Dieser Band ist in größerem Format erschienen.

19. **Das Jagdscheingesetz** vom 31. Juli 1895. Mit ausführlichen Erläuterungen nebst der Ausführungsverfügung vom 2. August 1898 und den Gesetzgebungsmaterialien. Von **F. Kunze,** Wirklichem Geh. Ober-Regierungsrath. Zweite Auflage. Geb. in ganz Leinen 2 M.

20. Gesetz, betr. die **Erbschaftssteuer.** Vom 19./24. Mai 1891 unter Berücksichtigung der Novelle vom 31. Juli 1895. Mit ausführlichen Erläuterungen von **P. Loeck,** Regierungsassessor. 1 M. 80 Pf.

21. Gesetz über die **Handelskammern.** Vom 19. August 1897. Mit Erläuterungen, geschichtlicher Einleitung sowie einer Uebersicht des Bestandes der kaufmännischen Vertretungen. Von **F. Lusensky,** Geh. Regierungsrath und vortragender Rath im Ministerium für Handel und Gewerbe 3 M.

22. Gesetz, betr. **Anstellung und Versorgung der Kommunalbeamten.** Vom 30. Juli 1899. Mit einem Anhang, enthaltend die preußische Ausführungsanweisung. Von Dr. **W. Ledermann,** Magistratsassessor zu Berlin. 1 M. 25 Pf.

23. **Ausführungsgesetz zum Bürgerlichen Gesetzbuche** vom 20. September 1899. Von Landrichter Dr. **P. Siméon.** Geb. in ganz Leinen 1 M. 60 Pf.

24. Die **Hinterlegungsordnung** vom 14. März 1879 in der Fassung des Ausführungsgesetzes z. B.G.B. v. 20. Sept. 1899 nebst Ausführungsbestimmungen. Von Regierungsassessor Dr. **Georg Bartels.** Geb. in ganz Leinen 1 M. 50 Pf.

25. **Preußische Kommunalbeamtengesetzgebung.** Von Magistratsassessor Dr. jur. **Kremski.** Geb. in ganz Leinen 3 M.

26. Die **Preußischen Gesetze** über das **Diensteinkommen der Lehrer und Lehrerinnen, ihren Ruhegehalt und die Fürsorge für ihre Hinterbliebenen,** sowie einer Tabelle zur Berechnung der Ruhegehalts-, Wittwen- und Waisenbezüge. Von Dr. **Ed. Cremer,** Beigeordneter. Geb. in ganz Leinen 2 M. 40 Pf.

27. Gesetz, betreffend die **Waarenhaussteuer.** Vom 18. Juli 1900. Von Geh. Ober-Finanzrath Dr. **G. Strutz.** Geb. in ganz Leinen 1 M. 20 Pf.

28. Gesetz über die **Fürsorgeerziehung Minderjähriger.** Vom 2. Juli 1900. Nebst Ausführungsanweisungen. Von Landgerichtsrath Dr. **F. P. Aschrott.** Geb. in ganz Leinen 2 M. 80 Pf.

29. Gesetz, betr. **die ärztlichen Ehrengerichte, das Umlagerecht und die Kassen der Aerztekammern.** Vom 25. November 1899. Von Amtsgerichtsrath Dr. **Fidler.** Geb. in ganz Leinen 1 M. 50 Pf.

Guttentag'sche Sammlung von Text-Ausgaben mit Sachregister ohne Anmerkungen.

Gewerbeordnung für das Deutsche Reich. In der Fassung der Bekanntmachung vom 26. Juli 1900. (Reichs-Gesetzblatt Nr. 47, ausgegeben am 15. Oktober 1900.) Zweite Auflage. 1 M. 20 Pf.

Militär-Strafgesetzbuch für das Deutsche Reich mit Verweisungen und Abdruck der entsprechenden Bestimmungen des Reichs-Strafgesetzbuchs. 1 M.

Militärstrafgerichtsordnung für das Deutsche Reich, nebst **Einführungsgesetz** und **Gesetz**, betr. die Dienstvergehen der richterlichen Militärjustizbeamten und die unfreiwillige Versetzung derselben in eine andere Stelle oder in den Ruhestand. Vom 1. Dezember 1898. **Militär-Strafgesetzbuch** mit Verweisungen und Abdruck der entsprechenden Bestimmungen des Reichs-Strafgesetzbuchs. Zweite Auflage. 1 M. 50 Pf.

Die Preußischen Ausführungsgesetze zum Bürgerlichen Gesetzbuche, zum Gesetz, betr. Aenderung der Civilprozeßordnung vom 17. Mai 1898, zum Gesetz über die Zwangsversteigerung und die Zwangsverwaltung, zur Grundbuchordnung und zum Handelsgesetzbuch. Preuß. Gesetz über die freiwillige Gerichtsbarkeit und Gesetz, enthaltend die landesgesetzlichen Vorschriften über die Gebühren der Rechtsanwälte und der Gerichtsvollzieher. Fünfte Auflage. 1 M. 80 Pf.

Reichsstempelgesetz (Börsensteuergesetz) in der Fassung der Bekanntmachung vom 14. Juni 1900. Mit Ausführungsbestimmungen, einem Anhang, enthaltend Tabellen zur Berechnung der Reichsstempelabgaben und Sachregister. 1 M. 50 Pf.

Adickes, F., Oberbürgermeister in Frankfurt a. M. Das Kommunalabgabengesetz vom 14. Juli 1893. Für den praktischen Gebrauch mit einer geschichtlichen Einleitung und Erläuterungen versehen, sowie mit einem die Ausführungsanweisung berücksichtigenden Nachtrag. 8°. Kartonnirt 6 M.

Arndt, Dr. Adolf, Geheimer Justizrath, Professor. Verfassung des Deutschen Reichs. Mit Einleitung und Kommentar. 8°. Kartonnirt 3 M.

Das Gesetz betreffend die Anlegung und Veränderung von Straßen und Plätzen in Städten und ländlichen Ortschaften vom 2. Juli 1875. Des Kommentars von weil. Oberverwaltungsgerichtsrath **R. Friedrichs** fünfte völlig neubearbeitete Auflage. Von Dr. jur. **Hugo v. Strauß und Torney,** Senatspräsident am Oberverwaltungsgericht. 8°. Geb. Im Druck.

Hauß, C., Geh. Ober-Reg.-Rath. Das Gesetz zur Bekämpfung des unlauteren Wettbewerbes. Vom 27. Mai 1896. Für die gerichtliche und gewerbliche Praxis erläutert. 8°. Geb. in Leinen 3 M.

Holtgreven, Dr. A., Geh. Ober-Justizrath und vortragender Rath im Justizministerium. Das Wildschadengesetz vom 11. Juli 1891. Kommentar. Dritte Auflage. 8°. Kartonnirt 3 M.

Jerusalem, Herm., Landgerichtsrath, Mitglied des Hauses der Abgeordneten. Das Gesetz über Kleinbahnen und Privatanschlußbahnen vom 28. Juli 1892 nebst der Ausführungsanweisung zu diesem Gesetze vom 22. August 1892. gr. 8°. 2 M.

Kamptz, W. v., Verwaltungsgerichtsdirektor. Das Gesetz, betreffend die Vertheilung der öffentlichen Lasten bei Grundstückstheilungen und die Gründung neuer Ansiedelungen in den Provinzen Preußen, Brandenburg, Pommern, Posen, Schlesien, Sachsen und Westfalen vom 25. August 1876. 8°. Kartonnirt 2 M. 50 Pf.

Könige, H., Oberlandesgerichtsrath. Handelsgesetzbuch vom 10. Mai 1897 nebst Abdruck des Gesetzes über die Angelegenheiten der freiwilligen Gerichtsbarkeit und Gerichtsverfassungsgesetz (Titel 7, Kammern für Handelssachen). 8°. Geb. in ganz Leinen 4 M. 50 Pf.

Laß, Dr. L., Kaiserl. Regierungsrath, Strafrecht der Berufsgenossenschaften nach den Unfallversicherungsgesetzen vom 30. Juni 1900. Unter Benutzung amtlichen Materials zum praktischen Gebrauche dargestellt. Geb. in Leinen 3 M.

Laurisch, G., Königl. Gewerbeinspektor, Gewerberecht und Arbeiterschutz. Führer für Arbeitgeber und Arbeiter durch die Gewerbe- und Arbeiterschutz-Gesetze. Kartonnirt 1 M. 80 Pf.

Ledermann, Dr. iur. Walter, Die Städte-Ordnung für die sechs östlichen Provinzen der preußischen Monarchie vom 30 Mai 1853 nebst ihren Ergänzungen. Lieferung 1. 8°. Preis 1 M. 50 Pf.

Inhalt: Titel I bis III (§ 1—34) der Städteordnung sowie das am 1. Januar 1901 in Kraft getretene Gesetz, betreffend die Bildung der Wählerabtheilungen bei den Gemeindewahlen vom 30. Juni 1900 (zu § 13 der St.O.).

Nußbaum, Dr. A., Die freiwillige Gerichtsbarkeit im Reiche und in Preußen. Ein Leitfaden. 8°. Geb. in ganz Leinen 4 M.

Das vorliegende Buch bietet eine systematische Darstellung der freiwilligen Gerichtsbarkeit. ..... Dem Verfasser ist die Aufgabe, die er sich gestellt hat, vorzüglich gelungen, und das Buch ist nicht nur für Preußen, sondern in seinem größten Theile auch für die übrigen Bundesstaaten verwendbar...... Ueberall steht die Darstellung auf vollster wissenschaftlicher Höhe; meist ist sie mit sehr gründlichen historischen Bemerkungen eingeleitet. Durchweg ist sie klar und von reicher Kenntniß des behandelten Gegenstandes und der Literatur getragen..... Das Buch kann namentlich für das Studium der jüngeren Juristen auf das Wärmste empfohlen werden.

Amtsgerichtsrath Jastrow
in der „Zeitschrift für deutschen Civilprozeß". 1901.

Ottermann, Carl, Stadtrath in Dortmund. Das Fluchtliniengesetz vom 2. Juli 1875. Erläuternde Abhandlung. 8°. 1 M. 25 Pf.

Stephan, Dr. R., Geh. Regierungsrath u. Mitglied des Kais. Patentamts. Gesetz, betreffend die Patentanwälte. Vom 21. Mai 1900. Nebst Ausführungsverordnungen. 8°. Geb. in ganz Leinen 1 M. 50 Pf.

Telegraphenwege-Gesetz vom 18. Dezember 1899 nebst den vom Reichskanzler erlassenen Ausführungsbestimmungen vom 26. Januar 1900 und den Erläuterungen und Ausführungsanweisungen des Reichs-Postamts. Amtliche Ausgabe. 8°. Geb. in ganz Leinen 1 M.

Wittenberg, Dr. M., Dozent an der Humboldt-Akademie. Wegweiser durch das Aktienrecht, nach dem Wortlaut der seit dem 1. Januar 1900 gültigen Reichsgesetze. Taschenformat. Geb. in ganz Leinen 1 M.

Schlagwort-Register.

R. = Nummer der Sammlung Deutscher **Reichs**gesetze.
P. = Nummer der Sammlung **Preußischer** Gesetze.
S. = Seite.

FSC
www.fsc.org
MIX
Papier | Fördert
gute Waldnutzung
FSC® C083411

Kolibri 360 GmbH
Ferdinand-Jühlke-Straße 7
99095 Erfurt, Deutschland
produktsicherheit@kolibri360.de